组织领导力

组织高效运营与领导策略

谢良鸿◎著

ORGANIZATIONAL LEADERSHIP

中国纺织出版社有限公司

内 容 提 要

组织领导力的内容提要在组织运营过程中，领导力贯穿与组织战略、运营与管理等的各个方面。本书以“理论+案例+实战+工具”的方式，从组织战略、组织运营、目标管理、高效执行、团队激励、卓越领导六个方面通过深入而全面的理论探讨，丰富而翔实的案例展示，操作性极强的具体措施演示，以及大量管理模型实用工具的介绍，为读者提供组织运营的执行与领导策略，达到提升组织运营力、提高员工执行力、重塑个人领导力的目标。

图书在版编目（CIP）数据

组织领导力：组织高效运营与领导策略 / 谢良鸿著. -- 北京：中国纺织出版社有限公司，2020. 6（2021.4重印）
ISBN 978-7-5180-7273-6

Ⅰ. ①组… Ⅱ. ①谢… Ⅲ. ①企业管理－组织管理学 Ⅳ. ①F272.9

中国版本图书馆CIP数据核字（2020）第054125号

策划编辑：史 岩　　责任校对：寇晨晨　　责任印制：储志伟

中国纺织出版社有限公司出版发行
地址：北京市朝阳区百子湾东里 A407 号楼　邮政编码：100124
销售电话：010—67004422　传真：010—87155801
http：//www.c-textilep.com
中国纺织出版社天猫旗舰店
官方微博 http://weibo.com/2119887771
三河市宏盛印务有限公司印刷　各地新华书店经销
2020 年 6 月第 1 版　2021 年 4 月第 2 次印刷
开本：710 × 1000　1/16　印张：15.5
字数：141 千字　定价：48.00 元

凡购本书，如有缺页、倒页、脱页，由本社图书营销中心调换

前 言

从“消失的诺基亚手机”看组织领导力

对于诺基亚手机的失败，世界上许多著名的机构和学者、专家都进行过研究，最后得出普遍认同的结论是：诺基亚手机的败因是“组织畏惧”。也就是说，诺基亚公司的中高层管理者中蔓延的恐惧感，导致了全公司只提供过滤后的信息，报喜不报忧的惰性，以至于无力应对苹果推出的改变游戏规则的设备。

由于组织畏惧，诺基亚的领导人因为恐惧而喜怒无常。一方面，诺基亚公司的高管以“可怕”著称，他们常常歇斯底里地朝人们大吼大叫，而且听不进任何他们不想听的事情；另一方面，由于诺基亚的高任务和以业绩为中心的管理体制，高层管理者非常担心外部环境的变化以及不能实现他们的季度目标，这也影响了他们如何对待中层经理，让中层经理们害怕惹恼了他们。

组织畏惧也导致诺基亚的中层不敢说出真相。中层经理因为害怕高管的过激反应，所以变得沉默寡言，或者只报喜不报忧，提供过滤掉的信息。如果中层经理敢于汇报不好的消息，或者表现出他们不是足够的勇敢或有雄心以承担有挑战的任务，很可能就会被“打入冷宫”。

高管和中层的这种畏惧，使得公司在应对市场竞争时产生了理念上的错误。

高管们给中层施压，让他们快速地推出触屏手机，而这又导致了中层经理的过度承诺，但结果都非常惨淡。

高管由于缺乏技术能力，使得这种情况更加糟糕，并且影响了高管在设置目标时评估技术的局限性。

公司把注意力和资源不成比例地进行了分配，大力投资在短期市场，开发手机设备，而对从长远来看可以与苹果一搏的操作系统开发却重视不够。

公司的人相互掣肘，使公司逐渐丧失了对外部竞争力的免疫力，变得非常脆弱。组织畏惧让诺基亚陷入了远离真相的黑暗之中。

事实上，诺基亚的“组织畏惧”在中国公司也有，只是表现的方式和程度不同罢了。比如在传统企业中，权利机制使得高管们都想争权夺利，而中下层员工则是不敢得罪领导的，也不敢否定上级，一旦挑战所谓的“权威”，就会被“穿小鞋”。这种不敢说真话、不敢创新的组织畏惧氛围就是高管们畏惧权威带来的死能量，这种死能量杀死了员工的创造力、活力、新思想的活能量。由此可见，再好的流程、再好的标准、再好的产品、再好的模式，如果没有企业文化的灵魂植入组织成员的言行中，那么最终只有一个结果：不会活太久，就像诺基亚那样。

其实，适度的“组织畏惧”对于企业的员工激励是有益的，但是如果过度应用“威慑力”，其结果势必适得其反。为了减少负面效应大于积极效应的风险，企业的领导者应该与组织成员的各种情绪保持协调。这正是组织领导力的体现。只有当领导者为组织成员提供正确的途径和方法去表达其恐惧时，“组织畏惧”作为一种激励才是有效的。

当然，与组织成员的各种情绪保持协调只是组织领导力的一种体现。在组织运营过程中，领导力的作用体现在各个方面，如组织战略、组织运营、目标管理、高效执行、团队激励，以及领导力的塑造和提升等，而这恰恰是本书的内容。书中以“理论+案例+实战+工具”的方式，通过深入而全面的理论探讨，丰富而翔实的案例展示、操作性极强的具体措施演示，以及大量管理模型实用工具的介绍等，为读者提供组织运营的执行与领导策略，达到提升组织运营力、提高员工执行力、重塑个人领导力的目标。

Contents | 目录

第一章

组织战略：战略驱动，制订和实施经营战略

第一章

组织战略：战略驱动，制订和实施经营战略

组织战略具有驱动性，它可以使组织成员协同合作，共同促成组织目标的实现。制订组织战略要确定组织任务，认定组织的外部机会与威胁，认定组织内部优势与弱点，建立长期目标，以及选择特定的实施战略。实施组织战略是为实现企业战略目标而对战略规划的执行，它是一个自上而下的动态管理过程。本章围绕组织战略的制定及实施，着重分析了华为、万科等企业的实操经验，并介绍了主要的工具。

华为从IBM重金引进的BLM模型

2005年，华为销服体系在与IBM（International Business Machines Corporation，国际商业机器公司或万国商业机器公司）合作领导力项目的时候，发现IBM的BLM模型（Business Leadership Model，译为“业务领先模型”或“业务领导力模型”）可以弥补业务部门战略落地的缺失，促进业务和人力资源战略的有效连接，于是将BLM模型引入公司，并创造性地加以推广应用。BLM模型已经成为华为战略管理的秘密武器。

1.BLM“业务领先模型”简介

IBM“业务领先模型”是IBM于2003年和美国某商学院一起研发的一个完整的战略规划方法论。该方法论成为IBM公司全球从公司层面到各个业务部门共同使用的统一的战略规划方法。

BLM是通过持续的市场洞察和创新保持业务领先，对组织而言，通过持续的市场洞察和创新保持业务领先；对领导者个人而言，是必须具备的思维方式和基本能力，是一种思维方式，更是一种变革工具。

企业战略规划的重点在于“看准方向、抓住机会、厘清业务、设计组织、落实执行”，建立一个企业的核心竞争力和差异化优势，为企业的长期发展奠定基础是企业战略规划的目标。BLM是IBM在总结自身多年经营管理经验的基础上，形成的一整套战略制定及执行的模式和方法论。它从市场分析、战略意图、创新关注、业务设计、关键任务、组织体系、人才、氛围与文化以及领导力与价值观等各方面帮助管理层在企业战略制定与执行的过程中帮助系统的思考，务实的分析，有效的资源调配及执行跟踪。

BLM模型认为，企业战略的制定和执行包含以下8个相互影响、相互作用的方面：战略意图、市场洞察、创新焦点、业务设计、关键任务、氛围与文化、人才及正式组织等，它们的关系如图1-1所示：

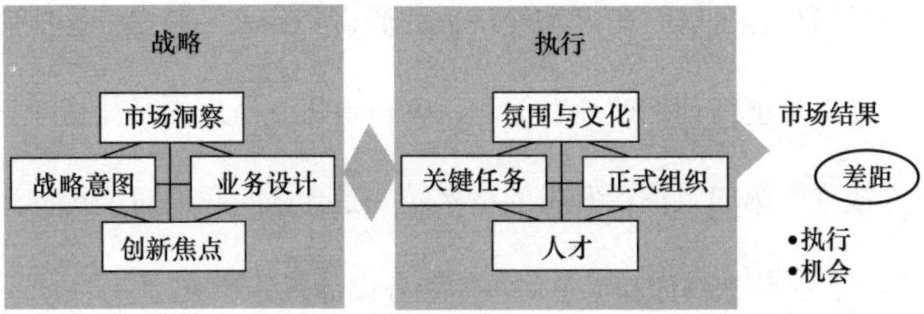

图1-1　企业战略的制定与执行的8个相互影响和作用的因素

战略意图、市场洞察、创新焦点、业务设计、关键任务、正式组织、人才、氛围文化是相互影响和相互作用的因素，同时也是BLM模型的八大黄金准则。它们各自的含义如下：

战略意图是战略思考的起点。好的战略规划，起始于好的战略意图的陈述和战略目标的表达，这是战略规划的第一步。战略意图主要包括两个方面：第一，组织机构的方向和最终目标，与公司的战略重点相一致；第二，这个业务设计是否提升了公司的战略重点？需要注意的是：产业集团、企业的方向和最终目标，应与集团的战略重点相一致。

市场洞察力决定了战略思考的深度。市场洞察是对宏观、行业、竞争及客户需求进行前瞻性洞察，强调要了解客户需求、竞争者的动向、技术的发展和市场经济状况以找到机遇和风险；目的是清晰地知道未来的机遇和企业可能碰到的挑战与风险，列示可能的业务机会，理解和解释市场上正在发生着什么，以及对公司未来的影响，解释市场上正在发生什么变化—这些变化对我们意味着什么—我们如何应对—量化。主要包括：第一，这个业务设计所依赖的客户角度和经济上的假设是什么？第二，这些假设还成立吗？什么可能使他们改变？第三，客户最优先考虑的是什么？它们又是怎样在改变？第四，正在发生的技术转变是什么？它们对公司的影响是什么？第五，是什么将你和竞争对手的业务设计区分开来？

IBM在20世纪90年代的战略转型得以开展，正是围绕郭士纳对两个市场机会的深刻洞察：即服务业务在IT行业的巨大前景和对整合IBM资源的重要意义，以及网络化的电子商务模式使IBM有可能超越微软和英特尔主宰的个人电脑时代，重新回到IT行业的中心。

创新焦点的意思就是，根据执行差距与机会差距探索创新，根据资源状况选择聚焦技术创新、产品创新、商业模式创新、管理创新等，把创新作为战略思考的焦点，其目的是捕获更多的思路和经验。好的创新体系不是独立于市场之外的闭门造车，而是企业与市场进行同步的探索和实验，即从广泛的资源中过滤想法，通过试点和深入市场的实验探索新想法，谨慎地进行投资和处理资源，以应对行业的变化。主要包括：第一，新的业务设计能否抓住新的价值来源？第二，这种价值来源是可持续的吗？第三，客户优先权的变化对你的业务设计会有怎样的影响？第四，有什么可替代的设计可以满足下一轮的客户优先权？

业务设计是战略思考的归结点，即要判断如何利用企业内部的现有资源，创造可持续的战略控制点。其建立在对外部环境和内部资源能力深入理解和把握的基础上，一共涉及六要素：客户选择、价值主张、如何盈利、竞争优势、主要活动和风险控制；强调对外部的深入理解，为利用内部能力和战略控制点探索可替代的业务设计提供基础。好的业务设计要回答两个基本的问题：第一，我们是否建立在现有能力上？第二，能否获得所要的新能力？

关键任务是连接战略与执行的轴线点，是满足业务设计和它的价值主张的要求所必需的措施和行动，给出了执行的关键任务事项和时间节点，并对企业的流程改造提出了具体的要求。

关键任务的设定统领执行的细节，主要包括：第一，支持业务设计，尤其是价值主张的实现；第二，可将重要运营流程的设计与落实包括在内；第三，是连接战略与执行的轴心点；第四，是执行的其他部分的基础；第五，年度性的、可按季度跟踪衡量。

正式组织是执行的保障。为了确保关键任务和流程能有效地执行，就要建立相应的组织结构、管理和考核标准，包括人员单位的大小和角色、管理与考评、奖励与激励系统、职业规划、人员和活动的物理位置，以便于经理指导、控制和激励个人和集体去完成团队的重要任务。在展开新业务的时候，一定要舍得投入人力和资源。同时要建立相应的组织结构、管理制度、管理系统以及考核的标准。否则执行的结果往往会大打折扣。主要包括：第一，支持关键业务的执行，包括建立相应的组织机构；第二，管理和考核标准，包括人员单位的大小和角色、管理与考评、奖励与激励系统、职业规划、人员和活动的物理位置；第三，目的是便于经理指导、控制和激励个人和集体去完成团队的重要任务。

人才强调重要岗位的人员要具备相应的能力以完成出色的业绩，也就是人才要有相应的技能去完成战略的执行。主要包括：第一，人才需求详细定义，包括技能的描述；第二，人才的获得、培养、激励及留存的措施等。

氛围文化方面，要创造好的工作环境以激励员工完成关键任务，因为积极的氛围能激发人们创造出色的成绩，使得他们更努力，并在危急时刻鼓舞他们。常见的管理风格包括强制式、身先士卒式、教练式和授权式，在知识密集型经济时代，大多数成功转型的企业，最终都逐渐形成了开放、授权、共享的氛围和文化。为此，要创造好的工作环境，以激励员工完成关键任务。因为积极的氛围能够激发员工创造出色的成绩，使得员工更加努力，并在危急时刻鼓舞员工。

业务领先模型的整体逻辑是：从战略设计、执行计划，对战略执行取得的市场结果进行偏差分析，成为新一轮战略设计优化的输入，形成战略管理循环。这里，领导力是关键，价值观是基础。

领导力的素质和风格，会对战略规划和战略执行产生重大影响，还会影响文化氛围，进而影响人才团队建设，影响市场结果。

价值观是决策与行动的基本准则。

差距分析中，执行差距是现有经营结果和期望值之间差距的一种量化的陈述，机会差距是现有经营结果和新的业务设计所能带来的经营结果之间差距的一种量化的评估。

2. 华为对BLM模型的创造性运用

华为引进BLM模型，有两个目的：一是保证业务部门的战略从制定到落地。因为BLM模型的核心就在于战略制定后要通过组织、人才、氛围来支撑战略的成功。二是保证人力资源与业务紧密关联。因为BLM模型是人力资源支撑战略的秘诀。

李山林是华为引入HRBP（HR BUSINESS PARTNER，又称为“人力资源业务合作伙伴”，其实际上就是企业派驻到各个业务或事业部的人力资源管理者）体系的功勋，也是华为“蓝血十杰”之一，他认为华为引入BLM模型后人力资源管理和业务管理就不再是割裂的“两张皮”了。他说，以前华为制定战略的时候，人力资源是不被邀请的。而运用BLM模型之后，现在战略制定，HR不再是可有可无，在战略执行环节，HRBP是引导员，成为主力。比如业务部门做80X规划的时候，就有业务战略和人力资源战略两个部分，并形成了例行的机制，在各部门推行。后来固化在战略管理流程中。

事实上，BLM的翻译有两种：一是“业务领先模型”，二是“业务领导力模型”，两种翻译的不同，体现了这套工具的具体应用的不同，前者是把它看作战略规划工具，后者是用它来提升中高层管理者的领导力。IBM当初给华为导入BLM的初衷也正是为了统一华为中高层管理者的战略思维方法和框架，并提升这些人的领导力，因为管理者的领导力就是在制定战略规划并推动战略执行的过程中逐步培养起来的。

而华为在实际使用BLM模型的过程中，发现它是一套包容性很强的思维框架，它可以把之前制定战略规划所使用的各种工具如IPD（集成产品开发）的MM（市场管理）、战略解码、战略地图、平衡计分卡（BSC）等融入其中，并可以从公司战略到业务单元战略，再到各职能体系的战略统一使用这一种思维框架和战略语言，于是在各大产品线和PDT制定SP（中长期战略规划，春季计划）和BP（年度经营计划，秋季计划）时，各显神通，把这套在IBM内部作为战略议题研讨和领导力提升的框架从各层面、各维度进行了实战化、工具化，并进一步淋漓尽致地体现了华为1998年从IBM引入IPD时的核心理念：先僵化、后优化、再固化，这也正如IBM的一位老员工所说的华为可怕的“学习力”与“执行力”。

波特五力模型及SCP分析模型介绍

企业战略与行业竞争力和企业竞争背景息息相关，而波特五力模型和SCP模型就是分别分析行业竞争力和企业竞争背景的两个工具。波特五力模型分析的主要对象是行业的竞争力和公司的竞争行为，而SCP的主要对象是公司的竞争背景。

1.波特五力模型：行业竞争力要素分析

波特五力模型（图1-2）是哈佛大学商学院教授，被誉为“竞争战略之父”的迈克尔·波特于20世纪80年代初提出。他认为行业中存在着决定竞争规模和程度的五种力量，即新进入者的威胁、现有企业之间的竞争强度、来自替代品的压力、买方议价能力、供方议价能力（表1-1）。这五种力量综合起来影响着产业的吸引力以及现有企业的竞争战略决策，被视为行业的整体竞争力和盈利能力的决定因素。

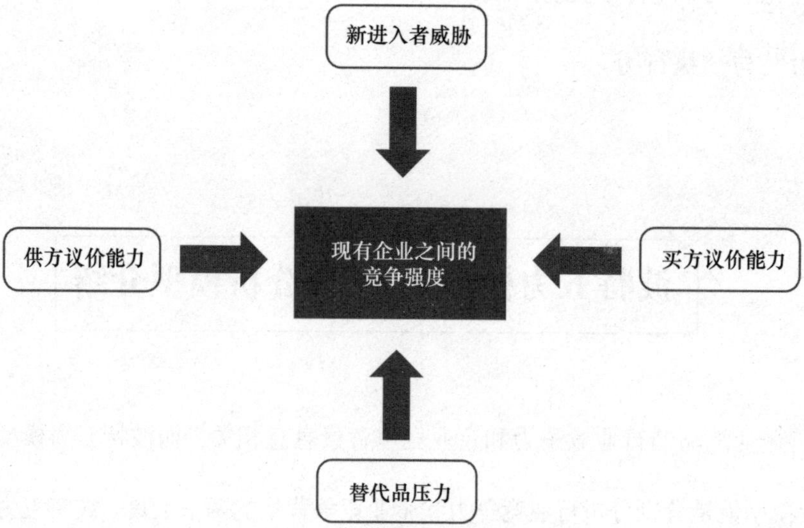

图1-2　波特五力模型

表1–1　波特五力模型中对“五力”的分析

事　项	分析结果
新进入者的威胁	新进入者在给行业带来新生产能力、新资源的同时，也希望自己能够在现有企业已经占据的市场中赢得一席之地，这就有可能会与现有企业发生原材料与市场份额的竞争，最终导致行业中现有企业盈利水平降低，甚至危及这些企业的生存。新进入者的威胁其严重程度取决于两方面的因素，一是进入新领域的障碍的大小，主要包括规模经济、产品差异、资本需要、转换成本、销售渠道开拓、政府行为与政策、不受规模支配的成本劣势、自然资源、地理环境等方面，这其中有些障碍是很难借助复制或仿造的方式来突破的；二是现有企业对于进入者的反应，主要是现有企业采取报复行动的可能性的大小，这取决于现有企业的财力情况、报复记录、固定资产规模、行业增长速度等
现有企业之间的竞争强度	现有企业之间的竞争强度也就是同业竞争者之间的竞争程度。大部分行业中的企业，相互之间的利益都是紧密联系在一起的，作为企业整体战略一部分的各企业竞争战略，其目标都在于使得自己的企业获得相对于竞争对手的优势。所以，在实施中就必然会产生冲突与对抗现象，这些冲突与对抗就构成了现有企业之间的竞争。其常常表现在价格、广告、产品介绍、售后服务等方面
来自替代品的压力	两个处于不同行业中的企业，可能会由于所生产的产品是互为替代品，因而在不同行业中的企业之间产生相互竞争行为，这种源自于替代品的竞争会以各种形式影响企业的竞争战略。一般来说，替代品价格越低、质量越好、用户转换成本越低，其所能产生的竞争压力就越强；而这种强度可以具体通过考察替代品销售增长率、替代品厂家生产能力与盈利扩张情况来加以描述

续表

事 项	分析结果
买方议价能力	买方主要通过其压价与要求提供较高的产品或服务质量的能力，来影响行业中现有企业的盈利能力。影响买方议价能力的原因主要是：买方的总数较少，而每个购买者的购买量较大，占了卖方销售量的很大比例；卖方行业由大量相对来说规模较小的企业所组成；买方所购买的基本上是一种标准化产品，同时向多个卖主购买产品在经济上也完全可行；买方有能力实现后向一体化，而卖主不可能前向一体化，按中国的说法就是“客大欺主”
供方议价能力	供方主要通过其提高投入要素价格与降低单位价值质量的能力，来影响行业中现有企业的盈利能力与产品竞争力。供方力量的强弱主要取决于他们所提供给买主的是什么投入要素，当供方所提供的投入要素，其价值构成了买主产品总成本的较大比例、对买主产品生产过程非常重要或者严重影响买主产品的质量时，供方对于买主的潜在讨价还价力量就大大增强

下面的图1-3是一个关于全球建筑重装备产业的结构分析的案例。

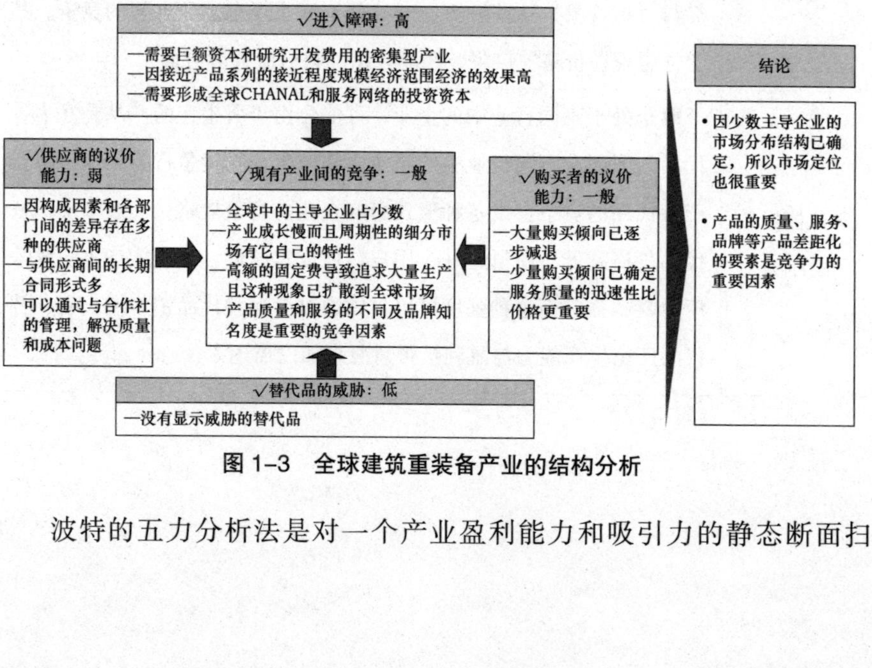

图1-3 全球建筑重装备产业的结构分析

波特的五力分析法是对一个产业盈利能力和吸引力的静态断面扫

描，说明的是该产业中的企业平均具有的盈利空间，所以这是一个产业形势的衡量指标，而非企业能力的衡量指标。通常，这种分析法也可用于创业能力分析，以揭示本企业在本产业或行业中具有何种盈利空间。所以波特建议，为了定位自己以应对主要竞争压力，并获得比行业平均水平更高的利润率，企业应该追求竞争战略。

迈克尔·波特对于管理理论的主要贡献，是在产业经济学与管理学之间架起了一座桥梁。其竞争力模型的意义在于，五种竞争力量的抗争中蕴含着三类成功的战略思想，那就是总成本领先战略、差异化战略、集中战略。

2.SCP分析模型："结构—行为—绩效"行业分析框架

SCP分析模型是由美国哈佛大学产业经济学权威贝恩、谢勒等人于20世纪30年代建立的。它提供了一个既能深入具体环节，又有系统逻辑体系的Structure（行业结构）—Conduct（企业行为）—Performance（经营绩效）的行业分析框架。行业结构、企业行为、经营绩效三者的含义，如表1-2所示。

表1-2 SCP分析模型中对市场结构、企业行为、经营绩效的分析

事项	分析结果
行业结构	外部各种环境变化对企业所在行业可能产生的影响，包括行业竞争、产品需求、细分市场、营销模型等的变化

续表

事项	分析结果
企业行为	企业针对外部的冲击和行业结构的变化，有可能采取的应对措施，包括企业方面对相关业务单元的整合、业务的扩张与收缩、营运方式的转变、管理的变革等一系列变动
经营绩效	在外部环境方面发生变化的情况下，企业在经营利润、产品成本、市场份额等方面的变化趋势

SCP分析模型从行业结构、企业行为和经营结果三个角度来分析外部冲击的影响（图1-4）。外部冲击指的是企业外部经济环境、政治、技术、文化变迁、消费习惯等因素的变化。

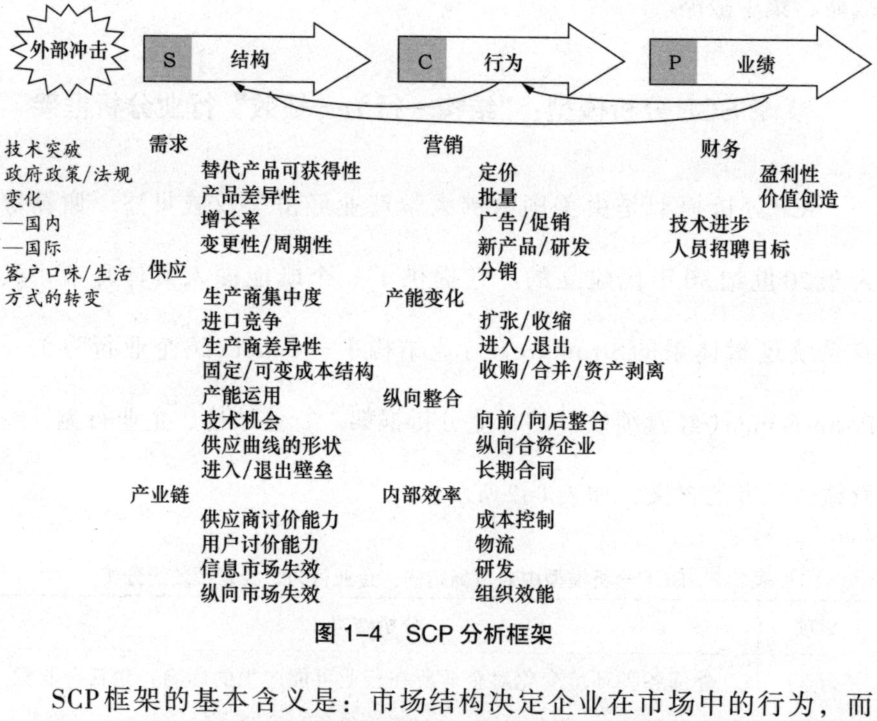

图 1-4　SCP 分析框架

SCP框架的基本含义是：市场结构决定企业在市场中的行为，而企业行为又决定市场运行在各个方面的经济绩效。由此可见，市场结构、企业行为和经营绩效这三个主要元素之间具有因果关系。

SCP分析模型在行业分析上的强有力在于：第一，要求一个更加严格的战略分析过程，而不仅是定性的和描述性的；第二，着重把行为作为取得业绩的关键；第三，有清晰的动态模式来解释如何及为什么业绩随时间而改变。

企业发展战略规划与实施路径

企业发展战略是一定时期内对企业发展方向、发展速度与质量、发展点及发展能力的重大选择、规划及策略。制订企业发展战略规划可以帮助企业指引长远发展方向，明确发展目标，指明发展点，并确定企业需要的发展能力，战略的真正目的就是要解决企业的发展问题，实现企业快速、健康、持续发展。一个企业如果想要永远立于不败之地，就必须明确自身的发展方向和发展重点是什么，从而规划出具有很强的可实施性的企业发展战略规划。

我们先来看一个案例：

某企业是工业制造集团，其产业结构集科研与设计、工业制造与安装、工程服务以及技术检测与监控于一体，行业领域涉及铁路、公路、港口、隧道和地基。其核心技术优势是开发用于高速铁路建设的专用机械设备，并拥有自己的工业基础。面对“十三五”期间的机遇和挑战，公司结合国家宏观经济形势和行业发展背景，认真分析总结了公司的发展状况，提出了新的发展战略思路及实施计划。

该集团的发展战略总体思路：第一，通过优化和完善产业结构调整、资源整合、加强管理、模式创新、改制上市、技术创新、财务积累和海外经营等措施，努力实现技术创新、服务创新和业务创新，进一步增强公司整体实力。第二，加强与上游企业、高校及其他科研机构的合作，突破并掌握一些引领高速铁路、轨道交通、地下管道走廊行业发展的关键通用技术和核心技术，以实现工程机械产业一体化、产品多元化目标。第三，坚持服务工程建设机械设备产业化，以工程建设机械化创新发展为主题，以提高质量和效率为中心，以加快下一代信息技术和制造业的融合为主线，以推进智能制造为主攻方向，以满足工程施工领域对重大技术装备的需求为目标，增强产业基础能力，提高综合集成水平，完善多层次、多类型的人才培养体系，促进产业转型升级。第四，夯实基础，培养内功。管理方面，要制度清晰，责任明确，分工明确，经营高效；培养一支循序渐进、结构合理的人力资源团队；加强企业文化建设和品牌建设，有效防范和控制公司的各种风险，以实现协调、绿色、开放、共享的良性发展。

该集团的发展战略实施计划：

第一，进一步统一思想认识，团结一致，以高端工业制造为产业发展的战略方向，不断创新业务模式，不断保持技术领域的核心优势，在传统专用建筑设备的基础上，重点推进供给侧改革，积极扩展环保设备、地下空间和管道走廊，实现多元化发展。

第二，全面建设一支专业的科学技术研发、制造和运营管理队伍，实现整合技术研发、制造和应用服务的现代技术企业集团的战略目标。

第三，大力推进提质增效、转型升级战略，不断促进企业改制和业务发展。

第四，通过进一步深化企业改革，加强企业内部价值链的纵向整合，打通阻碍企业平稳运行的关节部位；以研发体系为主导，带动集团内部产业的快速发展；分析企业发展中的结构性矛盾和深层次问题；通过进一步深化体制机制改革，缩短管理链条，发挥总部的管控作用，提高企业的市场应变能力和经营效率，增强企业的综合竞争力。

我们再来看一个战略规划实施更为详细的案例：

某集团为了落实集团未来十年的发展规划，经研究决定，将采取编制三年滚动规划的方式持续推进。其三年战略发展规划涉及区域市场研究、三年战略发展规划设想、研讨与规划正式编制、集团组织结构等几方面的问题。

关于区域市场研究，鉴于未来三年各城市（区域）发展趋势、房地产市场以及土地资源的研判是制定投资策略与规划的基础和出发点，该部分工作需要在企划部制定的原有工作方案基础上进一步强化，在各公司完成所在城市的分析判断之后，要分别在区域和总部层面对研究成果进行沟通和研讨。

战略规划实施步骤如下：

其一，5月底以前各一线公司完成对所在城市的城市发展、房地产市场、土地资源的分析判断。各一线公司可以聘请外部机构共同参与。

其二，6月底以前各区域汇总整理一线公司的研究成果，并对区域市场（可邀请熟悉本区域的外部专家）进行总体研判，得出研判结论，提交《区域（一线）市场研究报告》。

关于三年战略发展规划的设想，企划部已经要求编制的《区域（一线）未来三年投资规划》调整为《区域（一线）未来三年战略发展规划设想》，其内容在满足三年投资规划要求的同时，一并考虑如何实施客户细分、品类体系、标准化、工厂化的问题，如何提高经营效率、组织效率的问题，以及人才储备与结构的问题，并形成文字材料。规划设想报告可与市场研究报告合并，于6月底之前提交。

关于研讨与规划的正式编制，从7月开始，集团将安排相关部门和集团领导与各区域就市场研究和规划设想展开研讨，8月底前研讨完毕，9月20日前结合总部的研究成果，完成《××集团2020年至2023年发展规划》草案，9月底前提交集团第三季度例会审议。

关于集团组织结构，集团委托××咨询公司进行的案例研究工作进展顺利，4月底前将组织集团中高层管理者参加沟通与培训会议；在集思广益的基础上6月底前将完成组织结构设计方案。

集团三年战略发展规划，由集团企划部负责整体协调推进，具体事项请与之对接。

如果说战略目标只是纸面上的或人们头脑中的东西，那么战略目标的实施则是战略管理过程的行动阶段，因此它比战略目标的制订更加重要。在实施过程中，有4个相互联系的阶段，如表1-3所示。

表1-3　战略目标实施的4个阶段

阶　段	实施要点
发动阶段	战略目标的实施是一个发动广大员工的过程，在战略发动阶段，企业的领导人要研究如何将企业战略的理想变为企业大多数员工的实际行动，调动大多数员工实现新战略的积极性和主动性。这就要求对企业管理人员和员工进行培训，向他们灌输新的思想、新的观念，提出新的口号和新的概念，消除一些不利于战略实施的旧观念和旧思想，以使大多数人逐步接受一种新的战略

续表

阶　段	实施要点
计划阶段	这里的“计划”就是将经营战略分解为几个战略实施阶段，每个战略实施阶段都有分阶段的目标，相应地，有每个阶段的政策措施、部门策略以及相应的方针等。要定出分阶段目标的时间表，要对各分阶段目标进行统筹规划、全面安排，并注意各个阶段之间的衔接，对于远期阶段的目标方针可以概括一些，但是对于当前阶段的目标方针则应该尽量详细一些
运作阶段	战略运作主要与下面6个因素有关：各级领导人员的素质和价值观念；企业的组织机构；企业文化；资源结构与分配；信息沟通；控制及激励制度。通过这6项因素使战略真正进入企业的日常生产经营活动中去，成为制度化的工作内容
控制与评估	战略时在变化的环境中实践的，企业只有加强对战略执行过程的控制与评价，才能适应环境的变化，完成战略任务。这一阶段主要是建立控制系统、监控绩效和评估偏差、控制及纠正偏差三个方面

1. 企业发展战略规划与实施计划的制定

市场及竞争环境是制定企业发展战略规划的基础，其基本状况可用波特五力模型进行分析，是供方重要还是买方、替代品、新进入者、现有企业之间的竞争更为重要，要做好分析判断。同时对行业内企业的关键成功因素进行分析，如企业整体反应速度、战略规划及管理能力、价值链整合能力、品牌影响力等。

制定战略规划的一般步骤是：

第一步，提出企业的初步目标、决策和任务。考虑在今后一段时期内（一般是3~5年）应该完成什么样的任务，达到怎样的目标。

第二步，分析企业资源。应对资源的有利方面和不利方面作一个实事求是的估价，分析时既要重视生产和财务方面的资源，也要重视人力的资源，尤其是人的能力和技术。

第三步，估价企业的潜力，一是分析企业的技术能力，二是分析企业的竞争者的情况。把本企业的产品与竞争者的产品做比较，分析其本身的长处和短处。

第四步，调研国内外市场，包括对顾客的调研和市场的调研。

第五步，评价和选择进入市场的报告。进入市场要重视研究企业的顾客、供应者、批发者、零售者在销售渠道中的分布情况以及怎样得到他们的帮助和合作。

第六步，制定企业发展战略规划。其内容有形势分析，要达到的具体目标、活动日程安排、财政预算等。

2. 集团型企业的三种战略管控模式

值得一提的是，当企业发展到集团规模的时候，需要集团总部对下属子公司实施有效的管控。集团管控模式是指企业集团总部在管理下属企业中的定位，其具体体现在通过管控部门的设置、管控流程设计以及集团文化的传播来影响下属经营单位的战略、营销、财务、经营运作等方面的内容。

事实上，集团管控有多种模式，其中影响广泛的是战略管理大师迈克尔·古尔德、安德鲁·坎贝尔在1987年提出的“集团管控三分法”理论，即财务管控型、战略管控型和运营控制型。如表1–4所示。

表1–4　集团企业战略管控的三种模式

模式类型	管控权限
财务管控型	总部只关注投资收益，不参与战略规划，但对战略保留审查权；不统一战略管理政策，但要为体系建设提供专业服务
战略管控型	总部组织集团公司、子公司（各业务板块）跨层次战略管理体系建设，主导体系的运行；制定集团公司发展战略，子公司（各业务板块）在集团公司的框架下制定战略，集团统一审批；对公司整体战略执行的监控、分析、调整；审批战略执行过程中的重大战略决策
运营管控型	集团战略管理权限集中在总部行使，子公司不设战略管理部门；分、子公司执行战略计划，对战略执行的结果负责

上述3种模式各具特点：运营管控型和财务管控型是集权和分权的两个极端，战略管控型则处于中间状态。有的企业集团从自己的实际情况出发，为了便于管控，将处于中间状态的战略管控型进一步细划为“战略实施型”和“战略指导型”，前者偏重于集权，而后者偏重于分权。

现实中，企业集团的内部管控往往是以一种模式为主导的多种模式的综合。例如，上海宝钢集团除了对钢铁生产业务采取经营管控型模式外，集团总部对金融、贸易、房地产等业务采取了战略管控型模式，这与宝钢集团“一业为主，多元化经营”的战略导向是一致的。事实说明，企业的管控模式并不是一成不变的，它将随着集团的整体战略转型而进行动态调整。

对于控股集团、产业集团、子公司来说，企业战略规划的制定、监控、评价、修正及投资管理各有不同的边界、基本准则。如表1-5所示。

表1-5　控股集团、产业集团、子公司对战略规划的边界和基本准则

	控股集体		产业集团		子公司	
	边界	基本准则	边界	基本准则	边界	基本准则
战略规划	审批	组织、审批控股集团、产业集团、子公司战略规划	建议	在控股集团组织下，提议产业集团战略规划方案	建议	参与并提议自身战略规划文本
战略管控	监控	组织开展控股集团层面季度监控；召开年度战略检讨会议对战略实施监控	参与监控	参加控股集团层面质询会及战略检讨会；通过召开产业集团层面月度经营计划质询会对战略实施监控	参与	参加控股及产业集团层面经营计划质询会及控股年度战略检讨会；通过内部月底经营计划监控内部战略实施
战略评价	组织	组织开展针对控股集团战略、产业集团战略、子公司战略执行状况的评价	参与	参与产业集团战略、子公司战略执行状况的评价	参与	参与子公司战略执行状况的评分

续表

	控股集体		产业集团		子公司	
	边界	基本准则	边界	基本准则	边界	基本准则
战略修正	审批	控股集团根据战略环境变化提出或审批战略修正建议	建议审核执行	提出战略修正建议；审核子公司战略修正建议；执行战略修正措施	执行	提出战略修正建议；执行战略修正措施
战略投资管理	审批组织	战略投资决策权限；组织实施战略投资项目管理	配合	配合战略投资项目	配合	配合战略投资项目的推进

公司战略规划确定后，在制订公司战略目标时，应明确与公司整体经营相关的指标。如表1-6所示。

表1-6　公司战略目标相关指标

经营管理	经营效率	存货周转次数（次）
		应收账款周转次数（次）
	发展速度	主营业务收入增长率（%）
		营业利润增长率（%）
财务状况	负债水平	资产负债率（%）
		全部债务资本化比率（%）

续表

财务状况	盈利能力	主营业务利润率（%）
		净资产收益率（%）
	现金流量	现金收入比（%）
发展前景	未来一年发展预测	预计资产总额变动幅度（%）
		预计主营业务收入增长（%）
		预计利润总额变动幅度（%）

3. 战略绩效管理工具：战略地图—平衡计分卡

战略地图—平衡计分卡是美国知名绩效管理专家罗伯特·卡普兰、戴维·诺顿开发的战略绩效管理工具。它是绩效衡量工具，从财务、客户、内部运营、学习与成长四个层面衡量企业绩效；它是绩效管理工具，管理和描述战略目标；它是战略管理工具，打通战略到绩效的循环，化战略为行动。

两位大师在对实行平衡计分卡的企业进行长期的指导和研究的过程中发现，企业由于无法全面地描述战略，管理者之间及管理者与员工之间无法沟通，对战略无法达成共识。平衡计分卡只建立了一个战略框架，而缺乏对战略进行具体而系统、全面的描述。

2004年1月，两位创始人的著作《战略地图——化无形资产为有形成果》出版。企业的战略地图绘制、战略规划及实施首先是一个“自上而下”的过程，这也就要求高级管理层具备相关的能力及素养。

业务领先模式和战略地图—平衡计分卡的相同之处在于：二者都是基于市场洞察，进行战略规划，通过执行监控/差距分析进行持续改进和创新，从而实现战略目标，获得更好绩效。

其不同之处则在于：市场–战略绩效体系明晰了战略规划和战略执行的主线，但缺乏细化的工具方法论支撑，特别是业务设计不够细致；业务领先模型则明晰了通过市场洞察落实战略意图，为了弥补差距进行聚焦创新，通过关键任务落实业务设计，对战略执行取得的市场结果进行偏差分析，成为新一轮战略设计优化的输入，形成逻辑清晰的战略管理循环。

二者的联系主要表现在：业务领先模型的输出作为战略地图的输入，为战略地图–平衡计分卡的开发提供有效支撑。

战略地图是在平衡计分卡的基础上发展来的，是以平衡计分卡的四个层面目标（财务层面、客户层面、内部层面、学习层面）为核心，通过分析这四个层面目标的相互关系而绘制的企业战略因果关系图（图1–5）。这四个层面是战略地图的核心，具体来说，企业通过运用人力资本、信息资本和组织资本等无形资产（学习与成长），才能创新和建立战略优势和效率（内部流程），进而使公司把特定价值带给市场（客户），从而实现股东价值（财务）。

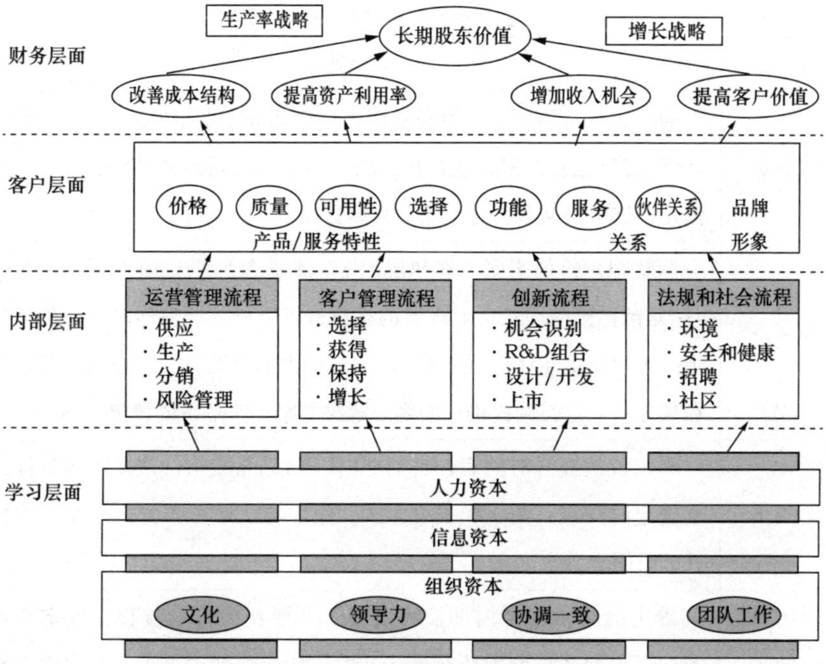

图 1-5　战略地图模板

平衡计分卡是从财务、客户、内部运营、学习与成长这4个角度，将组织的战略落实为可操作的衡量指标和目标值的一种新型绩效管理体系。与平衡计分卡相比，战略地图增加了两个方面的内容：一是颗粒层，即每一个层面下都可以分解为很多要素，比如客户层面分解的要素就有价格、质量、选择等客户价值主张；二是增加了动态的层面，也就是说战略地图是动态的，可以结合战略规划过程来绘制。

4. 绘制企业战略地图的六个步骤

企业绘制战略地图一般需要以下六个步骤，如表1-7所示。

表1-7　企业绘制战略地图的六个步骤

步　骤	实操要领
第一步	确定股东价值差距（财务层面），比如股东期望5年之后销售收入能够达到5亿元，但是现在只达到1亿元，距离股东的价值预期还差4亿元，这个预期差就是企业的总体目标
第二步	调整客户价值主张（客户层面），要弥补股东价值差距，要实现4亿元销售额的增长，对现有的客户进行分析，调整你的客户价值主张。客户价值主张主要有4种：一是总成本最低；二是强调产品创新和领导；三是强调提供全面客户解决方案；四是系统锁定
第三步	确定价值提升时间表，针对5年实现4亿元股东价值差距的目标，要确定时间表，第一年提升多少，第二年、第三年提升多少，将提升的时间表确定下来
第四步	确定战略主题（内部流程层面），要找关键的流程，确定企业短期、中期、长期做什么事。其中包括运营管理流程、客户管理流程、创新流程、社会流程这个关键内部流程
第五步	提升战略准备度（学习和成长层面），分析企业现有无形资产的战略准备度，具备或者不具备支撑关键流程的能力，如果不具备，找出办法来予以提升，企业无形资产分为3类，即人力资本、信息资本和组织资本
第六步	根据前面确定的战略地图以及相对应的不同目标、指标和目标值，再来制定一系列的行动方案，配备资源，形成预算

最后需要说明的是，企业有不同的战略层级，主要包括集团战略、业务战略和职能战略。绘制不同层级的战略地图，需要与之对应的描述战略的系列文件。集团战略需要的描述战略的系列文件有《集团战略地图》《集团平衡计分卡》《战略行动计划表》；业务战略需要的描

述战略的系列文件有《业务单元战略地图》《业务单元平衡计分卡》《战略行动计划表》；职能战略需要的描述战略的系列文件有《职能部门战略地图》《职能部门平衡计分卡》。由此不难看出，战略地图的构成文件主要是“图”表“卡”。

5. 万科基于战略地图及平衡计分卡的战略目标管理

对于房地产的标杆企业万科来说，其绩效考核完全构建在公司的战略地图之上（图1–6），绩效考核成为战略达成的保进利器，这也是在做平衡计分卡体系中非常重要的保障方法。

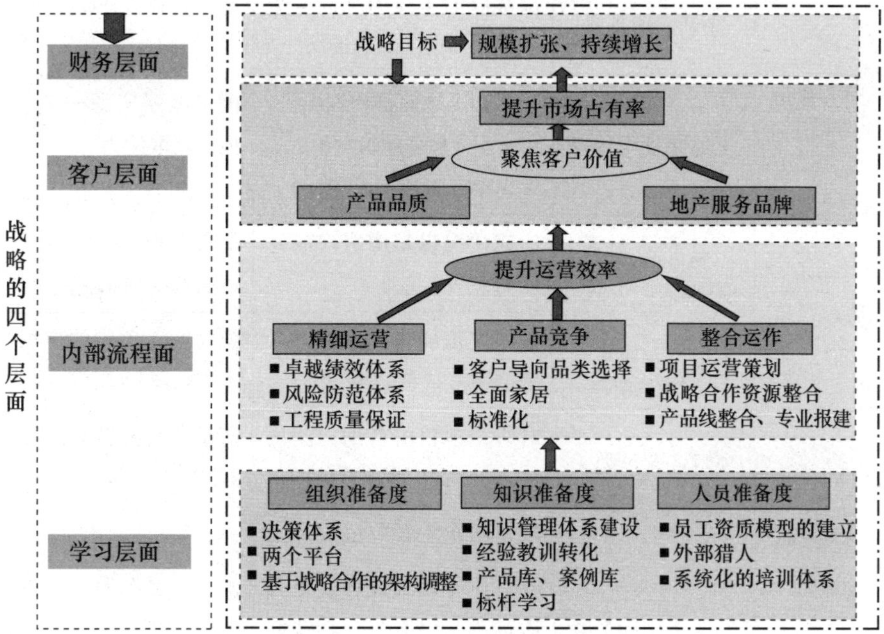

图1–6　万科建立的战略地图

万科基于自己建立的战略地图，分解得到以下各项KPI指标（关键绩效指标），如表1–8所示。

表1–8 万科基于战略地图分解得到的KPI指标

指标类型	名 称	计算方法	用 途
基本指标	考核净利润	本年度调整后的考核净利润	衡量公司当前业绩
	集团资源回报率	考核净利润÷平均占用集团资源	衡量盈利能力、资本结构及周转能力
	总资产周转率	销售收入÷平均总资产	衡量周转能力
	销售收入	按签约口径计算	衡量销售能力和工作量
	销售利润率	（销售毛利率–营养费用）÷签约销售额	衡量销售效率
财务视角	净利润增长率	调整后的考核净利润÷上年度调整后的净利润	衡量获利提升速度
	土地储备周转期	（年初土地储备建筑面积+年末土地储备建筑面积）÷（当年开工建筑面积×2）	衡量战略资源——土地的获取能力
客户视角	客户忠诚度	达成情况以集团客户满意度调查结果为准	衡量客户对公司的总体满意度和忠诚度
	市场占有增长率	本年度市场占有率÷上年度市场占有率–1	公司在竞争中的市场占有状况
内部流程视角	项目经营计划关键节点完成率	对每个项目的各期以集团批准的经营计划为依据统领如下节点是否完成	衡量项目经营计划控制能力
	专业工作满意度	各专业（规划设计、工程质量、销售服务、物业服务）工作满意度÷5	衡量产品和服务的总体质量情况

续表

指标类型	名　称	计算方法	用　途
学习成长视角	员工综合满意度	问卷调查获取	衡量员工总体满意度与改善情况
	人力投入产出	调整后的考核净利润 ÷ 公司年度人力成本	衡量组织效能
	骨干人员价值流失率	当年所有骨干人员离职时的月工资 ÷ 本年度内骨干人员的平均月工资	衡量骨干人员的保有能力

6. 德尔菲法：战略实施路径的评估与选择

在公司战略实施路径的评估上，很多企业都想找到一个科学的评估方法，以此为评估战略的实施路径是否合理、有效。其中德尔菲法就是很多企业采用的方法。德尔菲法是在20世纪40年代由O.赫尔默和N.达尔克首创，1946年，美国兰德公司为避免集体讨论存在的屈从于权威或盲目服从多数的缺陷，首次用这种方法来进行定性预测，后来该方法被迅速广泛采用。德尔菲这一名称起源于古希腊有关太阳神阿波罗的神话。传说中阿波罗具有预见未来的能力。因此，这种预测方法被命名为德尔菲法。

德尔菲法的实施流程是：首先，分别将所需解决的问题单独发送到各个专家手中，然后征询各位专家意见，最终回收汇总全部专家的意见，并整理出综合意见。其次，将该综合意见和预测问题再分别反馈给专家，再次，征询意见，各专家依据综合意见修改自己原有的意见，然后再汇总。最后，经过多次反复，逐步取得比较一致的预测结果的决策方法。德尔菲法的典型特点是：

（1）吸收专家参与预测，充分利用专家的经验和学识；

（2）采用匿名或背靠背的方式，能使每一位专家独立自由地作出自己的判断；

（3）预测过程几轮反馈，使专家的意见逐渐趋同。

德尔菲法依据系统的程序，采用匿名发表意见的方式，即专家之间不得互相讨论，不发生横向联系，只能与调查人员发生关系，通过多轮次调查专家对问卷所提问题的看法，经过反复征询、归纳、修改，最后汇总成专家基本一致的看法，作为预测的结果。这种方法具有广泛的代表性，较为可靠。

采用德尔菲法进行战略实施路径的评估与选择，具体包括五个步骤，如表1-9所示。

表1-9　德尔菲法进行战略实施路径五步骤

步骤	内容	事项
第一步	组成专家小组	按照企业主题所需要的知识、内容、范围，确定参与的专家。专家人数可根据预测课题的大小、内容深度涉及面的宽窄而定，一般不超过20人

续表

步骤	内容	事项
第二步	提出问题及要求	向所有专家提出所要预测的问题及有关要求，对问题的背景进行说明，并附上有关这个问题的所有背景材料，请专家提出还需要补充的材料，由专家做书面回复
第三步	提出预测意见	各个专家根据提供的材料，提出各自的预测意见，并说明是如何利用提供的材料，提出预测值的
第四步	意见汇总及修改	汇总各位专家第一次判断意见，并列成图表，进行对比，再发给各位专家，让专家比较自己同他人的不同意见，修改自己的意见和判断。也可以把各位专家的意见加以整理，或请其他专家加以评论。最后，把这些意见再发给各位专家，以便各位专家参考后修改自己的意见
第五步	逐轮修改意见，直到专家不再改变意见	收集所有专家的修改意见，汇总后再次分发给各位专家，做第二次修改。逐轮收集意见并为各专家反馈信息是德尔菲法的主要方法。收集意见和信息反馈一般要经过三四轮。在向专家进行反馈的过程中，只给出各种意见，并不公布各种意见的专家的具体姓名。该过程重复进行，直到每一个专家不再改变自己的意见为止

企业年度经营计划与绩效指标分解

清晰、科学的战略目标，细致、可行的年度经营计划，是企业从战略到执行、建立核心竞争能力、实现可持续发展的重要保障。下面我们分别具体地来看一看。

1.年度经营计划的编制与实施

要做好企业年度经营计划的编制，重点要遵循几大原则：一是企业经营计划的编制是“一把手工程”，需要老板的亲自参与和支持；二是需要上下持续互动，自上而下与自下而上，对经营计划持续沟通确认；三是注重激励，奖罚分明，论功行赏，激发全体员工实现经营计划的积极性；四是遵循SMART原则，制定的目标有可量化、可考核，有利于员工更加明确高效地工作，同时也为事后的考核做好充分准备，使绩效考核更加科学化、规范化，更能保证考核的公正、公开与公平。

完整的年度经营计划应该包括：公司总体经营目标、关键成功因素、分事业部、业务线的目标分解，涉及目标、关键成功因素中产品及服务、设计、拓展、成本、考核与激励、财务预算、制度及流程建设等内容。编制年度经营计划的逻辑是：内外部分析→确定总体经营目标→确定关键成功因素→分解目标到各部门、公司→确定考核指标→考核激励。涉及相关的工具方法有SCP分析法、战略地图、OGSM模型、关键业绩指标等。如图1-7所示。

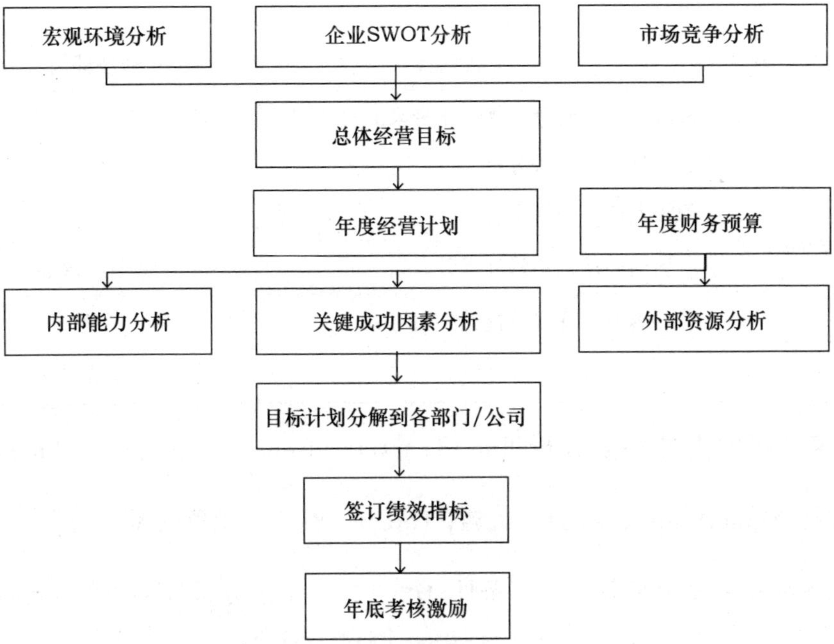

图 1-7　年度经营计划制订流程

第一，公司内外环境分析。每年11月初，总经理办公室组织各部门通过对上一年度目标达成、环境变化等进行总结并寻求改进机会的形式，充分分析公司面临的内外经营环境。各部门按下面的表1-10提供资料，总办汇总分析后形成《内外环境分析报告》。

表1-10　各部门提供的资料

类　别	分析内容	责任部门
内部环境	质量目标、绩效指标达成情况 公司、部门存在问题 解决措施建议 下阶段发展重点	所有部门
	员工满意度现状及提升方向	人力资源部

续表

类　别	分析内容	责任部门
外部环境	经济形势、政策法规变化带来的机遇和挑战 行业状况及前景分析 公司发展方向探索	项目发展部
	市场动向及营销管理提升方向	销售经营部
	客户满意度现状及提升方向	客户服务中心
	工程合作方满意度及供方管理情况	工程管理部

公司的内外环境分析可运用SWOT（Strength，强项；Weakness，弱项；Opportunity，机会、机遇；Threat，威胁、竞争对手）方法。其中，S和W主要用来分析内部条件；O和T主要用来分析外部条件。同时，SWOT的每一个单项又可以分为外部因素和内部因素。

第二，根据内外环境分析，与公司领导沟通后，评估修订公司总体经营和发展目标，形成年经营计划初稿，应包括但不限于以下内容：一是公司发展战略与实施策略，具体包括：公司发展战略及其阐释；设定各维度的发展策略目标并加以阐释。二是在公司经营战略的基础上建立策略目标与行动计划。其要求如下：在财务、客户、内部流程、学习与发展共4个维度进行分解，有明确的可衡量指标或交付成果，并且责任到人，财务维度应分项目的销售、结算、项目利润目标和关键时间点。

第三，各部门对计划初稿中的相关指标和任务进行意见反馈，取得分管领导认可后，据此补充完善年经营计划相应内容。

第四，在年度会议上，与各子公司、部分负责人签订年度目标责任状，并在农历春节上报后立即发布、执行。

第五，各部门根据年经营计划及部门的绩效指标，进行细分、分解，形成月度工作计划，并逐月滚动更新。

第六，年经营计划每半年反馈执行情况并更新一次；同时，根据各部门情况的变化，对于目标及经营数据作一次更新、调整，其他时间不予调整。

2. 年度绩效指标的分解

目标与绩效体系建立的步骤和方法，如图1-8所示。

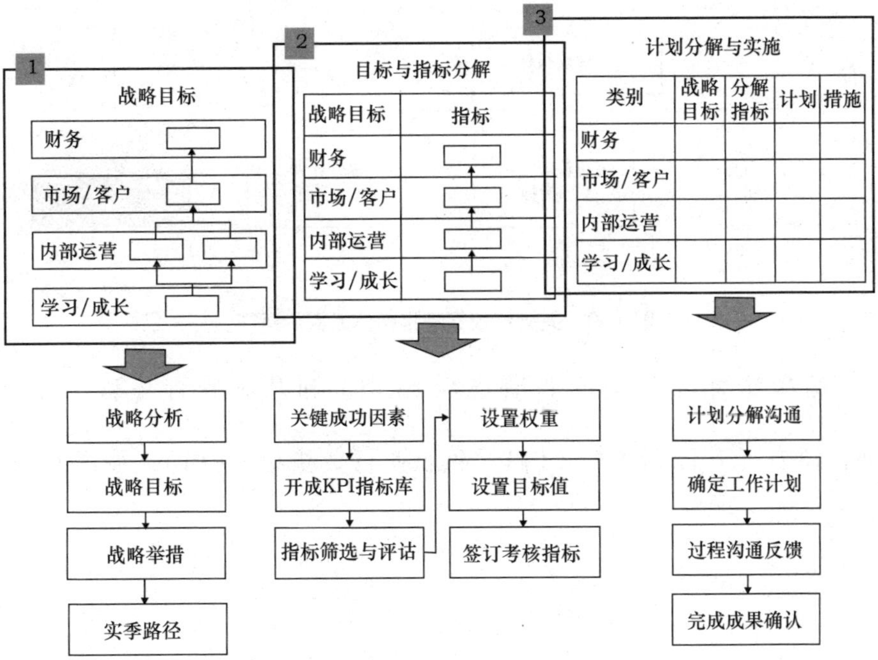

图1-8　目标与绩效体系的建立步骤和方法

关键绩效管理指标体系实施框架，如图1-9所示：

绩效管理指标体系的实施和分解是一个自上而下，同时又是自下而上的过程。从战略开始层层分解，将公司的整体绩效指标落实到每个员工，而将每个员工的绩效指标连接起来能够帮助所在部门乃至整个公司达到预期目标。

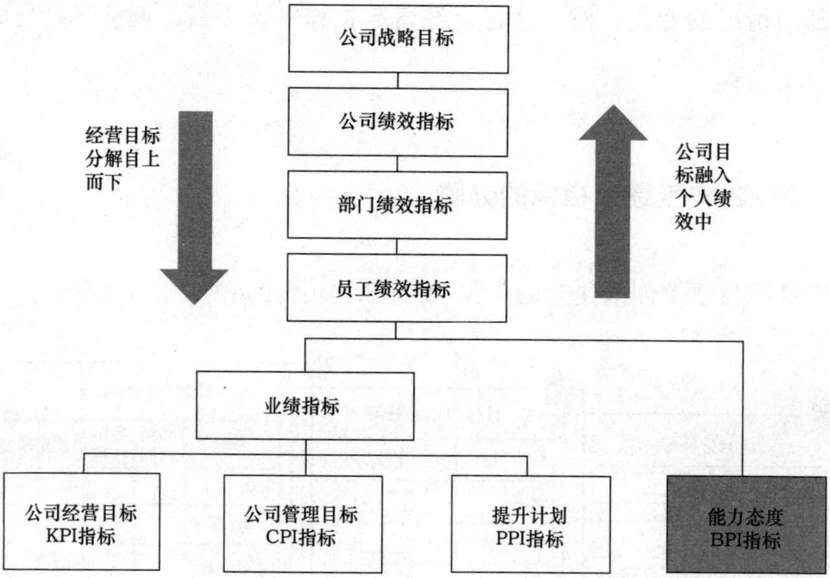

图1-9　关键绩效管理指标体系实施框架

绩效指标除了关键业绩指标（KPI）和基础管理指标（CPI）外，还有提升计划指标（PPI）和职业行业指标（BPI），如图1-10所示。

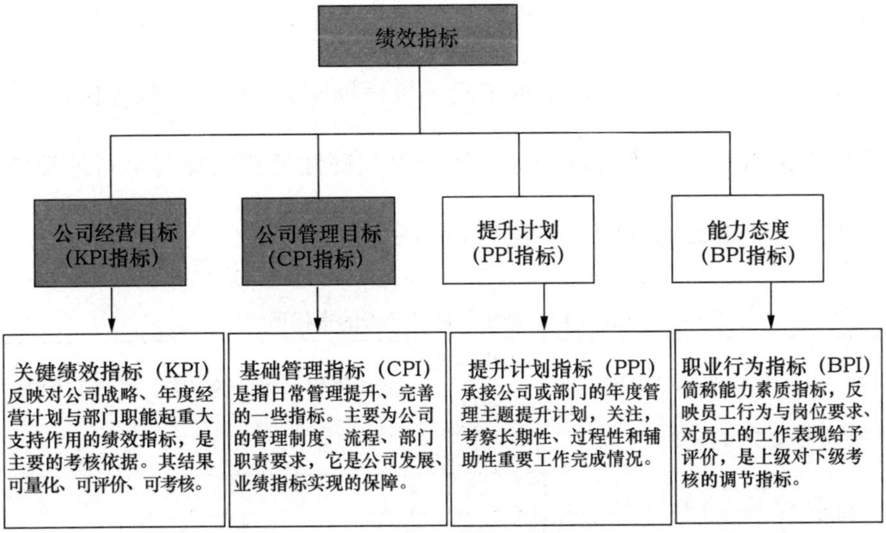

图 1–10　绩效指标的四种分类

3. 关键指标的设置

在设置关键性指标时，必须考虑指标的整体性，通过整个指标体系的设置来促进公司年度经营计划的实现，与企业经营目标与管理要求息息相关。在设定关键性绩效指标时，是针对实现经营目标而设定指标，对公司的整体经营目标和业务发展产生重要的影响，使企业目标和员工个人的目标挂钩。在设定指标时一定要注意，务必让该指标做到可量化、可评价，对于关键性指标都有明确的成果依据、简便有效的计算方法，有利于考核者对指标相关数据资料的收集、评价，确保年底绩效考核的公正性和准确性。

在公司层面，企业会根据公司的经营目标与管理特点，设置指标库，并针对每个指标进行解释说明，通过分析每个岗位的考核指标项，通过讨论定义、整理汇总，形成绩效考核指标库。在制定绩效考核表时，便可直接从指标库中提取指标。以确保关键性考核指标与公司的经营息息相关。常见的指标库如表1-11所示。

表1-11 基于平衡计分卡的指标库

类 别	指标名称	指标定义	指标计算方式	完成信据提供	确认部门	考核周期
财务						
客户						
内部流程						
学习与发展						

4.绩效考核常用的五种方法

在绩效管理中，常用的绩效考核方法主要有五种，如图1-11所示。

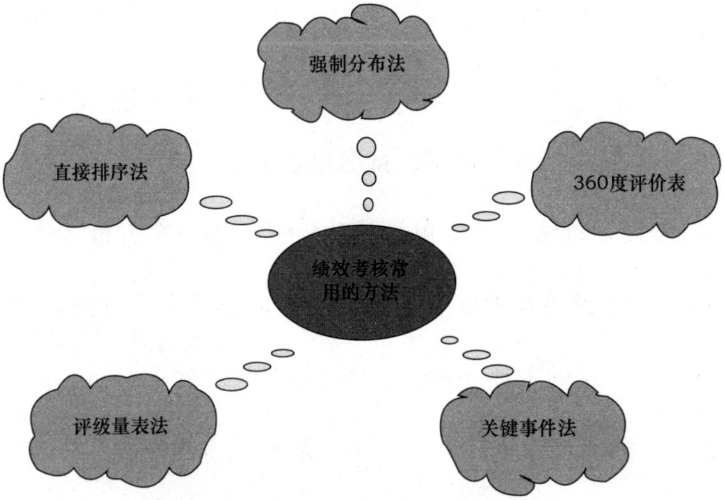

图 1-11　绩效考核常用的五种方法

（1）强制分布法。强制分布法也就是按“正态分布”，考核前设定好绩效等级的分布比例，然后对考核对象进行合并归类，将员工的考核结果分布到结构里去。每一类强制规定一个百分比，然后按员工的考核结果归入其中一类，常用的分为A、B、C、D四档，对应优秀、良好、中等，较差四人等级，规定同一部门或者同一公司A类员工的比例不得超过20%。

（2）直接排序法。这是在绩效考核中较为常用的一种方法。就是将所有参加考核的人选列出来，在全体员工中从最好至最差的员工进行排序。考核排序的要素可以是员工的整体绩效，也可以是某一个评估要素。首先找出该因素上表现最好的员工，将其排在第一的位置，再找出在该因素上表现最差的员工，将他排在最后一个位置，然后找出次最好、次最差，依次类推。通用公司（GE）的“102070”法则，就是采用强制分布法，全体员工排名中，排在前20%的为优秀的员工，排名中间70%的为合格的员工，排名最后10%的为需要淘汰的员工。

（3）360度评价法。“360度评价法”又称为“全方位考核法”，最早被英特尔公司提出并加以实施运用，目前也是人力资源管理者常用的一种方法。日常的考核评价，主要由被考核者的上级对其进行评价，而360度评价则由与被考核者有密切关系的人，例如被考核者的上级、同级、下级等，在考核时匿名对被考核者进行考核评价。员工如果想知道别人对自己是怎么评价的，自己的感觉跟别人的评价是否一致，就可以提出来作一个360度考核。360度评价法一般选择被考核员工(上级、同级、下级等至少选择3人）进行评价。

（4）评级量表法。评级量表法也是在绩效考核中常用的一种方法，事先确定考核因素及量表，量表一般采用五点表，由考核人根据量表中的一至五档进行评判打分。

（5）关键事件法。主要通过员工的关键行为和行为结果来对其绩效情况进行考核的方法，由上级领导对下级工作中表现优秀的事件，或者表现较差的行为记录下来，在考核时与被考核者进行面谈，通过过程记录，共同讨论对员工做出考核评价。

与年度经营计划匹配的预算管理

企业的预算包括经营预算、财务预算和资本预算。预算反映的是企业未来某一特定期间的全部生产、经营活动的财务计划，它以实现企业的目标利润为目的，以销售预测为起点，进而对生产、成本及现金收支等进行预测，并编制预算表，反映企业在未来期间的财务状况和经营成果。全面预算涵盖了企业经营、投资、财务的各个方面，具有“全面、全员、全额”的特点。如图1-12所示。

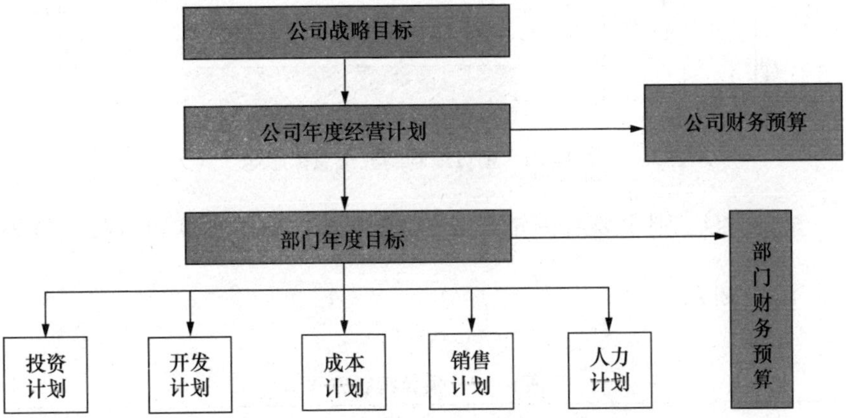

图 1-12　公司经营计划与预算的关系

年度经营计划的目的是明确公司经营计划，保证公司经营目标的实现。为此，要确定公司年度经营计划，控制其执行偏差，确保公司经营指标的完成，并为年度预算编制提供依据。在这里，我们只讨论预算的编制方法与管理及某公司2018年的财务预算。

1. 预算编制的四种方法：固定预算、弹性预算、滚动预算、零基预算

对于预算编制的方法，可以根据不同的预算项目，分别采用相应方法进行编制。但不管什么项目，一般来说都要遵循五个步骤的总体思维，如图1–13所示。

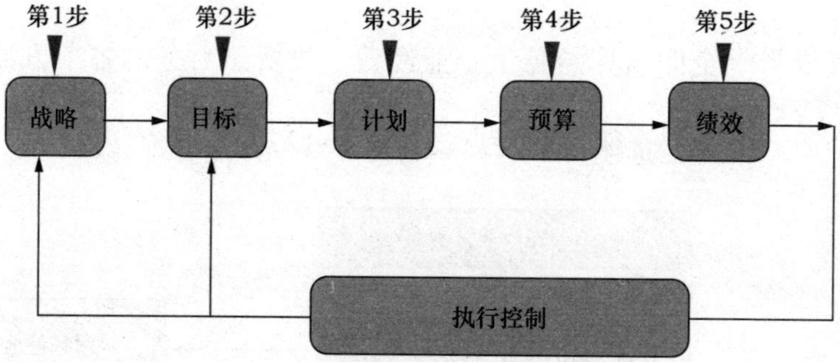

图1–13 预算编制的五个总体思维

至于方法，则主要有固定预算、弹性预算、滚动预算和零基预算等。如表1–12所示。

表1–12 预算编制方法

方 法	操作要领
固定预算	是根据预算内正常的、可实现的某一业务量水平编制的预算，一般适用于固定费用或者数额比较稳定的预算项目

续表

方　法	操作要领
弹性预算	是在按照成本（费用）习性分类的基础上，根据量、本、利之间的依存关系编制的预算，一般适用于与预算执行单位业务量有关的成本（费用）、利润等预算项目。根据可预见的不同业务活动水平，分别规定相应目标和任务的预算
滚动预算	又称“连续预算”，是一种经常稳定保持一定期限（如一年）的预算。其基本特点是，凡预算执行过一个月后，即根据前一月的经营成果结合执行中发生的变化等新信息，对剩余十一个月加以修订，并自动后续一个月，重新编制新一年的预算，从而使总预算经常保持十二个月的预算期
零基预算	这种方法不以现有费用水平为基础，而是如同新创办一个机构时一样，一切以“零”为起点，对每项费用开支的大小及必要性进行认真反复分析、权衡，并进行评定分级，据以判定其开支的合理性和优先顺序，并根据生产经营的客观需要与一定期间内资金供应的实际可能，在预算中对各个项目进行择优安排，从而提高资金的使用效益，节约费用开支

预算编制的管理，一般包括预算准备（表1–13）、预算指标分解方法（表1–14）、预算松弛问题的解决原则与基本做法（表1–15）这3个部分。

表1–13　预算编制管理之预算编制前准备

部　门	编制前准备
财务部门	财务报表及分析报告；预算目标测算方案；融投资预算草案；产品成本、固定资产、应收账款等数据
销售部门	销售情况分析及市场反馈；销售预测；已签订的预算年度合同；销售行动方案；销售基础数据

续表

部　门	编制前准备
生产部门	生产情况及生产能力；产品质量及合格率；库存情况；产品成本基础数据；劳动生产率情况等
技术部门	新产品开发情况；技术改造和设备更新情况；技术发展规划；开发计划；研发项目计划和估算；项目要求及人员配置；产品质量分析等
设备动力部门	设备维修和保养情况；设备更新改造和装备情况；维修、更新改造费用估算
人力资源部	人员需求和素质要求；培训情况和计划；职工构成及有关情况；业绩评价和薪酬制度调整；劳动力成本和劳动效率
采购部门	原材料消耗情况；市场供应分析和预测；供应商变动等

表1-14　预算编制管理之预算指标分解方法

方 法	实施要领
倒挤法	首先，把不确定性因素较小的责任单位和个人的具体预算目标确定下来，然后，在企业整体预算管理目标中逐一扣除，逐步倒挤出企业内部各级责任单位和个人的具体预算目标
固定比例	充分考虑企业内部各级责任单位和个人以往在实现企业整体预算管理目标中的贡献能力大小，合理确定一套固定的分配比例，据以将已经确定的企业整体预算管理目标按比例分解、落实
基数法	以各级责任单位和个人上年完成预算目标或前几年完成预算目标的平均数为基础，预测预算期发展速度，在此基础上分解，确定预算目标的方法。这种方法简便易行、应用面广
因素分析	将有可能影响各级责任单位和个人预算期间预算目标完成情况的各有关因素综合起来，采用一定的分析方法进行分析，最终合理分解，落实企业整体预算管理目标，确定各级责任单位和个人的具体预算目标。这种方法需要分析影响企业的各种因素，看似准确，其实可靠性不强。原因在于一方面它的分析计算工作量大，程序烦琐，效率较低；另一方面由于面面俱到，往往顾此失彼或者抓不住主要矛盾，从而影响目标分解的准确性和合理性

续表

方 法	实施要领
自主申报	自主申报的方式是指由企业预算管理委员会召集各级责任单位和个人（或代表），在说明预算期间企业整体预算管理目标和相关企业内外部环境的背景下，动员各级责任单位和个人根据自身实际能力大小与实际状况，自主申报其各自在企业整体预算管理目标中愿意承担的份额，经过预算管理委员会的修正，据以进行分解的方法

表1-15 预算编制管理之预算松弛问题的解决原则与基本做法

解决原则	基本做法
第一，慎重确定下级参与预算编制的程度和方式；预算参与与预算松弛是正相关的。第二，上级参与、预算指标细化和明确算法；信息不对称为预算松弛提供了基础环境。第三，完善业绩评价标准，缓解执行者压力。第四，真实诱导预算法的运用	各报基数，加权平均，少报罚，多报不奖，超额奖，不足补。超基数奖励系数＞少报惩罚系数＞0.5×超基数奖励系数；上下级基数的权数各为50%

全面预算管理有两个保障：一是建立预算责任网络，二是搭建成本控制体系框架。在建立预算责任网络方面，NUMMI公司让工人自己制定标准就是一个成功的案例。NUMMI公司是通用汽车公司的合资企业，该公司原来是通用汽车公司的一个工厂，该工厂因产品质量差、生产效率低、员工士气低落而声名狼藉。

在老的通用（GE）汽车工厂，专业工程师没有生产汽车的工作经验，即使有的话也很少，他们把自己关在屋子里研究怎样制定标准，忽视工人的意见，反过来，工人也不重视标准。现在，NUMMI公司的工人们自己拿着计量表来制定标准，班组成员互相计时，研究效率最高和安全性最高的工作方法。工人对每一项工作都制定标准，以至于班组用相同的方法工作，他们对各轮班和不同工作的标准进行比较，为每项工作编制详细的说明书。工人们比专业工程师更了解怎样才能做好工作，他们对实现自己制定的标准比待在象牙塔中专业工程师制定的标准更有积极性。

这样既提高了工人的积极性，又完善了标准，有关工作人员也从中受益，生产的安全性和产品质量得到提高，工作轮换也更容易，因为工作已经标准化，更具适应性，装备线上的工人和专业工程师都成为装配线上的工人。

对于搭建成本控制体系框架，麦肯锡曾这样评价中国企业：成本优势的“巨人”却是成本管理上的“侏儒”。其实，成本控制是一门花钱的艺术，而不是节约的艺术。如何将每一分钱花得恰到好处，将企业的每一种资源用到最需要它的地方，这是中国企业在新的商业时代共同面临的难题。当然，这里面涉及成本的概念与理解，以及生产经营成本、直接成本、间接成本、管理成本等，这里就不展开讨论了。

2. 两上两下的预算管理过程

两上两下的预算管理过程，如图 1-14 所示：

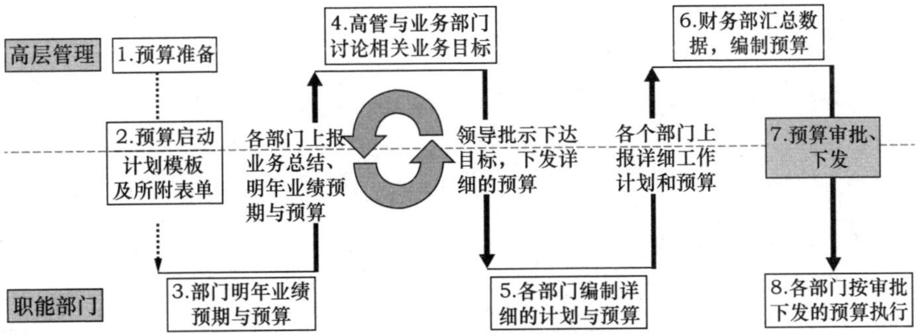

图 1-14　关键因素的分解

3. 预算的制定步骤

公司预算的制定，要经过以下几个步骤，如图 1-15 所示：

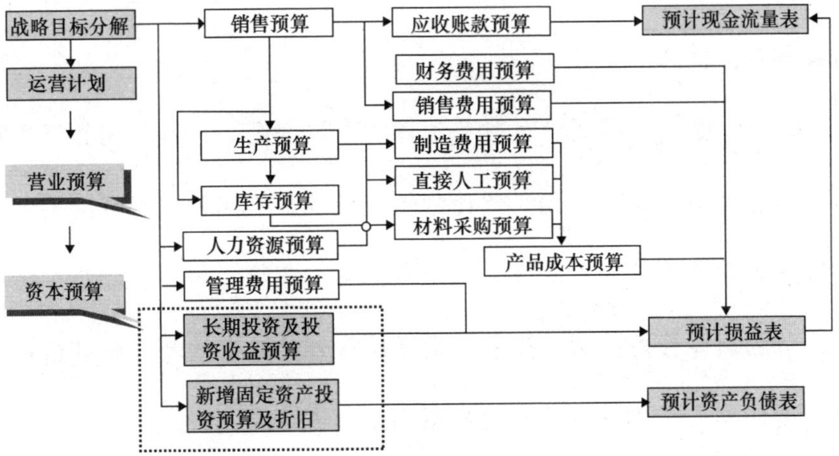

图 1-15　公司预算的制定步骤

附表（略）：

（1）生产预算表。

（2）材料采购预算表。

（3）采购预售。

（4）期间费用预算表。

（5）项目资本预算表格设计。

（6）资本投资预算表。

（7）筹资预算表。

4.建立预算执行过程管控机制

预算制订后，不能只是“写在表上，落在纸上，挂在嘴上”，最重要的是如何有效地执行。有的员工对预算的执行不重视，使企业的预算在执行过程中大打折扣，企业需要从以下几个方面建立预算执行过程的管控机制：

第一，提高公司领导对财务预算的重视程度。只有公司领导重视后，员工才会执行。首先，要让公司领导者从提高公司经营能力的高度来认识财务预算的重要性，健全从预测、决策、执行、监督、考核各环节的预算管控机制，按各级责任层次划分的责任制，做到权责分明，责任到人，管理到位。这样既有利于规范企业的管理制度流程，又有利于企业财务预算管理控制，同时与企业的管理制度约束和监督、检查、考核机制结合起来；其次，借助外部力量，特别是借鉴国内外企业的先进经验，在公司成立预算委员会，由公司老板亲自挂帅，让预算管理在行使权利方面有一定的保障，使预算能够顺利推行，从而保证企业资金的充分利用，提高企业经营管理水平。

第二，建立有效的奖惩机制，强化定期检查执行情况。通过建立预算管理组织，强化对各部门预算执行过程和结果的监督、控制、管理和考评。避免由于内部管理不善、各部门执行不力、控制薄弱而造成的经济损失。在管理机制上，要从财务预算管理的考核奖惩制度应是一种责、权、利相统一，分级负责的管理方式。在激励机制的设置上，应该将考核的目标定位在对费用以及成本的控制上，因为财务预算最主要的目的就是为企业最有效的节省资金，或者说使企业资金得到效用最大化，要细致分解各项指标，通过精细化管理提升公司效益。

第三，建立企业经营意识，强化资金管控。企业财务预算难以执行的原因，是领导者往往从自身的利益出发制定有利于自身的政策，从而影响了企业预算管理的执行。为了避免这种现象的发生，首先，要合理确定应收账款管理制度，保证资金正常流入，降低赊销风险；其次，充分利用商业信用，合理占用应付账款等结算资金，控制采购支出时间；最后，加大清欠力度，减少不必要的资金占用。而且资金管理的监督考核必须以事前计划、事中控制为基础，出现异常情况能及时发现和纠正，有效避免了事后承受巨额亏损的可能。通过强化资金集中管理，加强企业的财务管理，有效地防范财务风险。企业经营管理的核心是利润与现金流，其中企业财务日常管理的核心是资金管理，资金是企业的血液。

除了经营计划的管理，现在更多的企业重视通过预算管理，强化企业内部管理机制。将企业所有的经济活动都纳入预算管理的环节中，通过自上而下、自下而上的指标细致分解、层层落实，使各个部门的方向明确、责权利清晰。为了实现企业经营目标，企业必须定期对预算执行情况进行定期监督检查，及时分析存在的差异，按照经济责任制落实奖罚措施，并把预算指标的完成情况作为考核预算指标责任人工作业绩的硬性指标。做到事前、事中控制，做到事后分析，对年度财务预算的执行情况，要结合年终财务结算的编审情况，搞好综合分析。对每项预算的执行情况都要作出详细分析说明及评价。

财务预算管理作为现代企业的重要管理工具之一，在企业经营管理中发挥着越来越重要的作用。通过建立与经营计划匹配的预算管理机制，强化企业的财务预算管控，可以达到增收、节支目的，从而提高企业资产的使用效率，提高企业经济效益。

第二章

组织运营：组织赋能，打造高效能组织运营

组织运营是企业经营活动的主要行为。一个公司的组织运营，概括来说有人、财、务三大要素，这些要素具体体现在落实企业战略、衡量企业经营业绩、确定企业利润目标、管理日常运营等方面。做同样的业务，不同的组织在这些问题上对人、财、务会采取不同的方式，其结果也就各有不同。本章就从上述方面为大家来解析组织运营的能力，以期帮助企业打造高效能组织运营。

从第一次世界大战看组织运营

19世纪末20世纪初，主要资本主义国家过渡到帝国主义阶段。各主要资本主义国家之间政治经济发展的不平衡性加剧，为争夺殖民地和世界霸权，这些国家之间的矛盾越演越烈，形成了三国同盟（同盟国）和三国协约（协约国）及两大军事集团，（图2-1）最终酿成了历时4年之久的第一次世界大战（1914年7月28日～1918年11月11日），最后以协约国战胜同盟国而告终。第一次世界大战爆发的根本原因是帝国主义国家之间政治、经济的发展不平衡。而从组织运营角度来看，“协约国”和“同盟国”的各自不同规则注定了各自胜负。

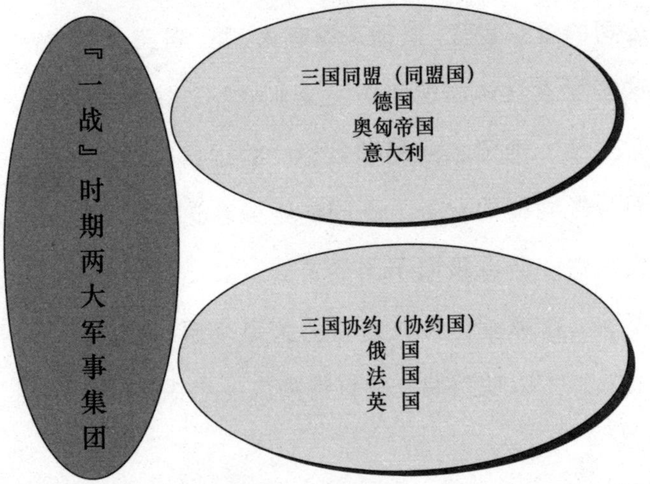

图2-1　第一次世界大战时期的三国同盟（同盟国）和三国协约（协约国）及两大军事集团

1. 一国主导的“三国同盟”

1879年，德国和奥匈帝国签订了一个主要是针对俄国的军事同盟条约，规定：如果两国中的一国受到第三国进攻，另一个国家就要全力进行援助。这是两大军事集团形成中最先缔结的条约。后来，意大利也加入了这一同盟，形成了以德国为核心主导的“三国同盟”（又称“同盟国”），将矛头指向俄国和法国。同盟国的形成为战争做了第一步准备。

从组织运营方面来说，同盟国内部的各种矛盾日益加剧是其最后失败的原因。在长达数年的世界大战中，同盟国各国普遍发生革命和起义，比如，奥匈帝国出现民族独立运动，导致了帝国的解体；德国爆发了“十一月革命”，推翻了帝制。意大利虽然一开始是同盟国国家，但在战争爆发后快一年的1915年4月时，突然倒戈，和协约国签订了《伦敦条约》并对奥匈帝国宣战。此外，美国参战增强了协约国的力量。

2. 拼盘式的“三国协约”

1892年，俄国和法国签订了秘密军事协定，规定：如果德国、意大利或奥匈帝国进攻一国，另一个国家就要全力相助。这样就形成了俄法协约，它是“三国协约”的雏形。后来，英国放弃了“永远孤立”

的政策，在1904年和1907年分别与法国、俄国签订了军事协议，最终形成了“三国协约”（又称“协约国”），标志着欧洲两大军事集团的最终形成。

从组织运营方面来说，英法俄三国属于拼盘式的“协约”，所谓协约是法文Entente“谅解”的意思，即就一系列的外交谅解协议，这些谅解协议是用来划分英法俄三国的势力范围和解决殖民地争端的谅解协议，关键是各国之间能够互相调和矛盾，促进友谊。

军事上的协同也是一种组织运营。协约国集团在各条战线上组织协同，迫使作为同盟国核心主导的德国长期处于两线作战的不利境地。这些都说明协约国的组织运营是高效的。此外，意大利的倒戈，以及在“一战”中后期，美国、日本、中国等一些国家也先后加入协约国集团，也增强了协约国的力量。

3. 打造高效组织运营体系

一个组织的运营效率，是企业管理水平的综合体现，是决定企业盈利能力的关键。要想打造像“协约国”那样的高效运营组织，就必须构建系统的组织运营体系，以提升企业的组织运营效率。如表2-1所示。

表2–1　打造高效组织运营体系的着力点

事　项	服从机制
建立计划管理体系	一个完整的计划管理体系，应该由公司战略规划、公司年度经营计划、部门月度工作计划组成。有了计划管理体系，企业的成员就明确了公司战略目标、年度经营目标以及达成目标的策略与路径，最后分解成每个月清晰的工作计划，指导着企业各部门、各成员每月实际的工作行动，如此才能形成组织合力，让企业所有成员的工作都是为了达成企业经营目标而努力
组织架构及岗位	企业有了明确的目标和清晰的计划，还需要基于公司的战略规划与年度经营计划搭建你的组织架构及岗位配置。并且明确部门与岗位职责，这样就完成了企业人与事的有效配对，明确了组织成员的隶属关系，让每个成员各负其责，各司其职
建立制度和流程	企业的制度、流程是企业运行的规则，正如国家的交通法规，假如一个国家没有交通法规，势必会造成交通堵塞、事故频发。企业建立了系统的制度、流程，才能确保各部门、各成员按照规则各行其道，才能确保公司的有序运行
建立激励机制	公司的激励机制就是员工工作动力的源泉，是确保公司目标达成的保障。如果公司缺乏有效的激励机制，公司就如一潭死水，员工就会处于不求上进、不思进取，甚至人心涣散的局面
建立培训管理体系	公司培训体系，是确保公司员工胜任本职岗位能够出色完成本职工作的前提，也是员工学习与晋升的平台

组织经营三要素：企业战略、组织运营、领导力

组织运营是组织管理的主要方式，它通过完善企业运营机制和人的管理来实现企业效率的提升，包含企业战略、组织经营、领导力三

要素。其中，企业战略是组织运营的依据和方向；组织运营是企业战略落地实施的载体；领导力在组织运营中发挥重要的激励作用。如图2-2所示。

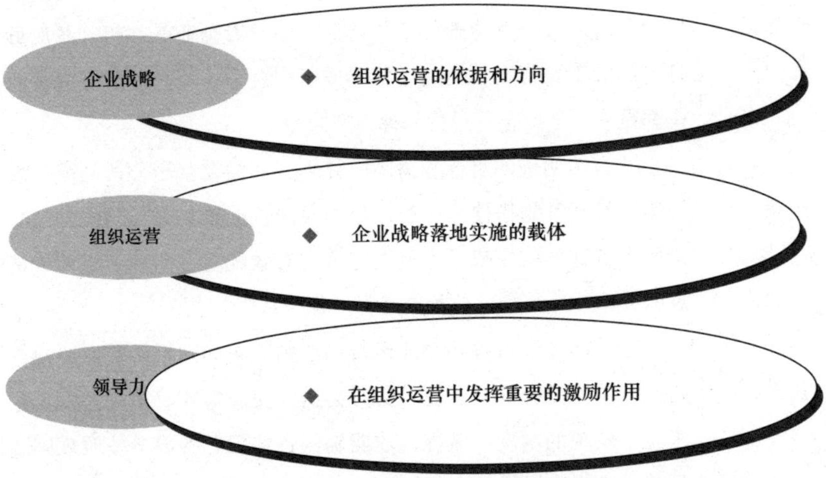

图2-2　组织经营三要素企业战略、组织运营和领导力的功能和作用

1. 企业战略：明晰战略目标、匹配战略资源

为什么说企业战略是组织经营的第一要素？这是因为，一方面，企业战略决定了组织经营的方向。企业战略是指对一个企业或组织在一定时期的全局的、长远的发展方向、目标、任务和政策，以及资源调配做出的决策。企业战略如果没有路径分析，没有科学、清晰和准确的目标，组织经营就将失去方向。另一方面，企业战略决定了组织的结构。美国著名管理专家小艾尔弗雷德·杜邦·钱德勒对通用汽车公司、杜邦公司等美国70家大型公司的发展历史进行了研究，发现各个公司在处理经营战略与组织结

构的关系上有一个共同的特点，即在企业选择一种新的战略后，由于管理人员在现行组织结构中拥有既得利益，或不了解经营管理以外的情况，或对改变组织结构的必要性缺乏认识，使得现行组织结构未能立即适应新的战略而发生变化。直到管理出了问题，企业效益下降，企业才将调整组织结构列为议事日程。组织结构改变以后，保证了经营战略的实施，企业的盈利能力才会大幅提高。因此，钱德勒教授得出一个著名的结论：组织结构服从于企业战略。其具体体现在以下几个方面，如表2-2所示。

表2-2　组织结构服从于企业战略的具体体现

事　项	组织结构服从战略的机制
稳定战略需要规范结构	稳定性的战略是组织在市场条件和竞争环境很少发生重大变化的时候，所普遍采用的一种战略，包括持续地向同类型的顾客提供同样的产品或服务，维持市场份额，并保持组织一贯的投资报酬记录。与这种战略相对应的组织结构应具有规范性和正规化的特征，即通过职务专门化，制订非常正规的制度和规则，以职能部门划分工作任务，实行集权式决策，控制跨度狭窄，通过“命令链”进行经营决策来维持日常的组织运行
动态战略需要动态结构	随着顾客需求、市场条件、竞争方式、社会环境等的改变，企业战略也必须随之进行相应的调整。组织在实施战略的过程中，若外部环境对经营十分有利，比如市场份额增加、销售额扩大、利润率提高并且在可预见的将来境况仍能保持下去，则可以采取增设相关业务部门，扩大授权等方式；反之，若遇到市场萎缩，经营环境恶化，产品滞销等情况，则要采取压编减员、合并部门、权力集中等方式

续表

事　项	组织结构服从战略的机制
组合战略需要多元结构	战略的组合是指一个组织在经营的过程中根据自身的资源和市场条件，同时实行两种或两种以上的战略。一个比较有实力，经营良好的组织，为了进一步开拓发展空间和创造机遇，往往在不违背组织运营规律和总体目标要求的前提下同时采用比较典型的三种战略，即创新战略、成本最小化战略和模仿战略。通过“创新战略”来发现和创造新的市场机会和新产品，以增强竞争优势；通过“成本最小化战略”节省不必要的支出，以谋求较高的边际利润；通过“模仿战略”在一种新产品或新市场的开发潜力被别人证明以后，再进行大胆投资，以实现风险最小化和利益最大化
竞争战略需要创新结构	竞争战略的有效实施需要创造一些灵活、高效的组织结构，以满足在实施战略的过程中的一些特殊要求。比如现在广为流行的“虚拟组织”“无边界组织”等，都是比较典型的样式，它们的共同特征是：打破部门界限、层次扁平化；下放决策权、提倡合作和自我管理、以知识和信息取代权威、职能实现必要的交叉。沟通的网络化、强调协调联动的重要性等

2. 组织运营：解决现实问题，保证战略落地

如果是企业战略指明了企业要做的正确的事，那么组织运营则通过正确的做事来实现企业战略。组织运营是指合理地组织生产力，使供、产、销各个环节相互衔接，密切配合，人、财、物各种要素合理结合，充分利用，以尽量少劳动消耗和物质消耗，生产出更多的符合社会需要的产品。组织运营是企业战略落地实施的载体与重要保障。

随着知识的积累和信息技术的不断进步，人类开始步入了快车道

并越来越有加速趋势，从面临“复杂”到必须应对“错综复杂”的状况，我们应该怎么做才能更好地适应呢？

（1）打造敏捷团队，建立互信和目标共享。科学管理时代是以规划、预测为基础的管理模式，而这种模式在当今已经不能完全适应。团队追求的目标不再是简单的“效率”，而是“获得持续适应的能力”。灵敏而适应能力强的小型团队是最具备这种特质的。这种团队之所以具有敏捷的特性是因为其非常容易建立互信和目标共享，比如大公司经常为完成一个突发性任务而组建的跨部门的“项目组”。这种小团队往往由相互熟悉而又亲密无间的成员组成，小团队之间沟通畅通而充分。这就导致了目标和信息的快速而全面的共享，也为迅速的反应和敏捷的行动奠定了基础。

（2）重建组织架构，突破“深井”，信息共享。传统的组织架构是自上而下的指挥控制模式，在工业时代和常规行政管理中曾经发挥了巨大的作用，证明是最有效和最具有控制能力的管理架构。但在“乌卡时代”，这种架构在很多方面已经无法适应快速的变化和不确定性，其中最典型的问题就是“深井”。“深井”，是指传统管理架构中因为按职能分工而导致各个部门的人员只关注和掌握涉及本职能领域的信息，从而像陷入各自不同的深井的人而无法与外界取得沟通和协同，也就不可能快捷地对外部变化做出即时的反应。于是一种新的管理架构开始出现，即“由小团队构成的大团队”。在这样的组织内，各个团队之间也如“项目组”的成员之间一样，可以建立起相互信任、全面沟通的关系。原来处于“深井”之中的单打独斗的小团队可以通过目标和信息的共享而融合成为一个整体。

（3）科学赋能，勇于突破，决策去中心化。构建一个新的组织体系之后，最为重要的是让其能正常运转并发挥作用。“由小团队构成的大团队”最关键的就是应对不确定性的要素——赋能。赋能，简单地说就是领导者进行授权和提供资源，让小团队在了解背景信息并且充分沟通的前提下，能够主动地策划、协同和行动。领导者在此体系中所要遵循的管理方式是“双眼盯紧，双手放开”，建立和维系一个良好的生态系统，让大团队更加快速和敏捷地应对各种变化和不确定性。与此同时，管理者也必须允许团队成员来监督和质疑自己，适当展现个人的能力和透明度，不再成为唯一、绝对的控制中心。

总之，不管怎么变化，有一点可以肯定，那就是既要敢于质疑和推翻传统思维，又要不断质疑和推翻自己。管理者更应该像一个教练而非运动员，更多地予以团队成员培养和指导，通过适当赋能而引爆大团队的能量。

要想保证企业战略的落地实施，首先必须认识到组织运营管理目前面临的问题。一是信息不对称、不及时。比如，成本、销售、财务的“指标”对不上，从而可能影响决策；套路不统一，各自为战；项目隐藏问题，不直接暴露问题。二是预见力不强，总会有一些“意想不到”的工作出现。比如，开发计划调整；方案颠覆；有缺漏项等。三是各专业行动不协调、分工协作关系不清。比如，这件事到底该谁干？事不关己，高高挂起；给自己留足时间，不管别人能不能干。四是决策反复、效率不高。比如，公司决策成为制约项目开发计划的关键路径；会前讨论不充分，决策会反复决策；凡事“三拍”（拍脑袋、拍胸脯、拍大腿）。这些问题的核心症结是决策效率、质量不高；执行力不强、决策事项实施效果不佳；对项目开发全流程的关注不够、风险预控能力不强；各专业人员对于全局经营问题并不关心，只关心其个人的任务。

在具体的运营管理实践中，要重点协调好部门之间的关系，以使其发挥最大效能。比如应对“部门之间相互推诿”“相互扯皮”的状况，在做必要的管理动作后仍然无效的，还有很多办法可以解决问题，其中最直接有效的做法就是部门重组。哪两个部门扯皮最严重，就直接合并到一起，这样就不会再“扯皮”了。有些人认为一些“关键”部门永远不会动。其实根本没有那回事！

部门存在的价值在于“为其他相关部门提供价值”，如果不明白这个道理，这个部门再“关键”也没有价值，都可以被取代。至于“如何做”的问题，则要根据企业战略的需要，厘清应该设立什么部门、部门职责是什么，以及岗位如何设立、岗位职责是什么等。这些东西一方面要梳理得清晰，另一方面也不能机械地“死守”。

我们知道，部门与岗位职责定得再清，也不可能万无一失。何况实际工作中市场千变万化，企业业务也将随之变化。所以，对待组织管理，并非死抱“条条框框”，死磕“职责”，而更多的要靠员工对企业文化的认同，在共同价值观的指导下，发挥主观能动性，积极、灵活地履行职责。只有这样，才能确保企业战略的落地实施。

3. 领导力：激励组织成员，实现组织目标

领导力的含义体现在“激励追随者达成更高目标的能力”上，其本质是影响力。影响力源于个人魅力。对领导者而言，我们可以获得组织赋予的现实的权利，但如果没有人格魅力，我们就难以拥有忠实的追随者。在组织运营中，一方面要充分发挥领导者对组织的影响作用；另一方面要充分发挥领导力的激励功能。这是企业战略落地实施的必要条件。

领导者对组织的影响主要体现在两个方面：

第一，自从人类社会进入知识经济时代起，组织和企业之间的竞争已经上升为人才的竞争。领导者作为组织中的稀有资源，决定一个组织是否健康、快速发展。那么，组织中人才竞争的焦点一定是领导

者领导力（能力）的竞争。提高组织中的领导艺术，就等于提高了组织的竞争能力。只有形成核心竞争能力的组织，才能获得持续发展的潜力和动力，才能在激烈竞争的市场环境中，在波涛汹涌的经济大潮中乘风破浪，成为一艘打不垮、击不沉的战舰。

第二，在这个飞速发展的时代里，一个组织只有成为人才的发现者、聚集地，才可能成为财富的拥有者、使用者。而领导者首先是组织人才的发现者、培育者和聚集者。拥有一批高素质的领导者，谁就拥有丰富的、不可模仿、不可复制的人力资本。谁能高效地运营这些人力资本，谁就拥有自己的核心竞争能力和优势。

在组织运营实践中，领导者要充分发挥领导力的激励功能，调动员工的主动性、积极性、创造性。为此，需要创造个体目标与组织目标（包括企业战略所制定的目标）一致的管理环境；激发被领导者的工作热情，提高工作效率；满足被领导者归属、尊重和荣誉的需要；为他们创造提供进一步发展的机会。

衡量企业经营业绩的核心：杜邦分析法

杜邦分析法是美国杜邦公司率先研究出来的一种财务分析体系，

因最初在美国杜邦公司使用并推广，因此，被命名为杜邦分析体系。杜邦分析法简洁明了地表达了各财务指标的钩稽关系，其以权益净利率为核心，将其分解为销售净利率、总资产周转率和权益乘数，来综合反映公司的盈利、营运和偿债能力的方法，也是一种从财务视角分析企业经营业绩的经典方法。其最显著的特点是将若干个用以评价企业经营效率和财务状况的比率按其内在联系有机地结合起来，形成一个完整的指标体系，并最终通过权益收益率来综合反映。杜邦分析法将净资产收益率分解为三部分：利润率、总资产周转率和财务杠杆，杜邦分析法的公式如下：

净资产收益率（ROE）= 企业净利润 / 企业净资产 × 100%　（2-1）

= （净利润 / 营业收入）×（营业收入 / 企业总资产）×（企业总资产 / 净资产）× 100%

经营业绩是指企业在一定时间内经营活动产生的企业整体的财务状况和经营成果。经营业绩分析的主要数据来源于公司的资产负债表和利润表，一般而言，财务数据分析是经营业绩分析的重要内容，是分析找出企业内部问题的关键。

财务数据的分析，可以通过杜邦分析这一综合性的方法来层层展开，可以体现公司的偿债能力、营运能力和盈利能力。反映偿债能力的指标主要用资产负债率和权益乘数来体现，分析营运能力主要运用总资产周转率、应收账款周转率和存货周转率指标，分析盈利能力主要通过销售净利率和权益净利率指标来体现。

1. 杜邦分析体系图及其指标间的关系

杜邦分析法是以权益净利率作为核心指标并将其分解为反映公司盈利，营运和偿债能力的各个指标，以达到反映一个公司整体经营业绩的目的。权益净利率指标受到销售净利率，总资产周转率和权益乘数三者的共同影响，任何一个指标上升或下降都会引起权益净利率的变动。

销售净利率表示一个公司的销售收入赚取净利润的能力，反映公司盈利能力的高低，总资产周转率代表的是公司总资产的周转速度，进而反映公司的营运能力。权益乘数代表的是公司利用负债经营的程度，该指标越大，说明公司面临的财务风险也大；反之，该指标越小，说明公司承担的财务风险较小。杜邦分析体系的应用使财务比率分析更有逻辑性和层次性，方便企业经营者全方位了解企业的经营成果和财务状况。

为了更清楚地认识杜邦分析法的各项指标分解情况，可以将杜邦分析以图形的形式直观地展示出来。如图2-3所示。

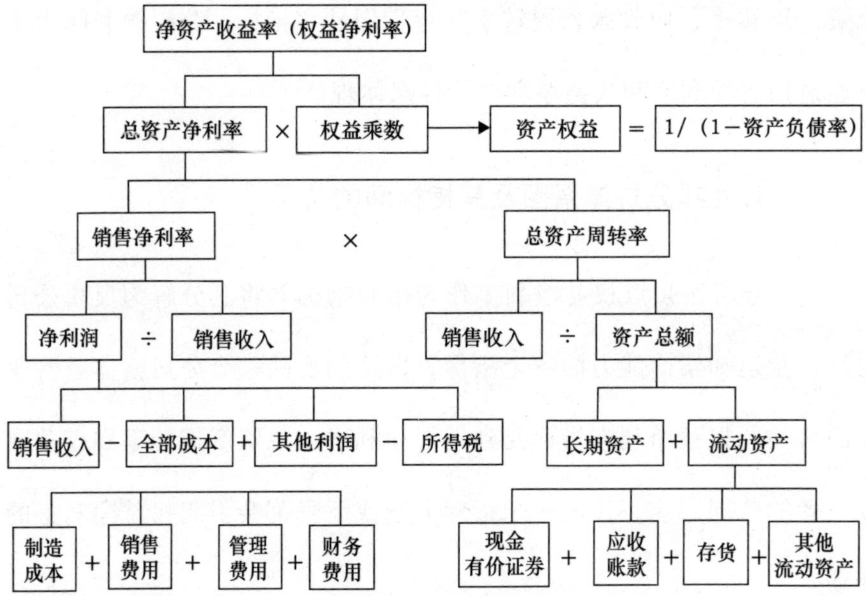

图 2–3 杜邦分析体系图

图2–3中各财务指标之间的关系：净资产收益率＝资产净利率（净利润÷总资产）×权益乘数（总资产÷总权益资本）。而资产净利率（净利润÷总资产）＝销售净利率（净利润÷总收入）×资产周转率（总收入÷总资产）。因此，净资产收益率＝销售净利率×资产周转率×权益乘数。

在杜邦体系中，包括几种主要指标的关系。如表2–3所示。

表2–3 杜邦分析法中几种主要指标的关系

指 标	含 义
权益净利率	它是综合性最强的财务比率，是整个杜邦系统的核心指标。它反映了公司所有者投入。资本及相关权益的获利水平，是所有者得以保障的基本前提。该项指标的大小不仅受公司盈利能力的影响，而且还受公司资产的周转营运能力及资本结构状况的影响。它是整个分析系统的起点和核心。该指标的高低反映了投资者的净资产获利能力的大小。净资产收益率是由销售报酬率、总资产周转率和权益乘数决定的

续表

指 标	含 义
权益系数	它表明了企业的负债程度，主要受资产负债率的影响，负债比例越大，权益乘数越高，这意味着公司能获得较多的杠杆利益，也意味着公司面临较大的风险。该指标越大，企业的负债程度越高，它是资产权益率的倒数
总资产收益率	它是销售利润率和总资产周转率的乘积，是企业销售成果和资产运营的综合反映，要提高总资产收益率，必须增加销售收入，降低资金占用额
总资产周转率	反映企业资产实现销售收入的综合能力。分析时，必须综合销售收入分析企业资产结构是否合理，即流动资产和长期资产的结构比率关系。同时还要分析流动资产周转率、存货周转率、应收账款周转率等有关资产使用效率指标，找出总资产周转率高低变化的确切原因

ROE和总资产净利率。这两个指标都是越高越好，一般来说总资产净利率要在10%以上，净资产收益率最好在15%以上。这个数据没有确定的理论值，你可以这么理解，你如果自己拿钱去理财投资，按照目前的收益率是4%~5%。如果一家企业产生的利润回报，如果都比不上你的理财产品收益率，你为什么要投资这个企业。营业净利润率代表企业所生产每件产品获得回报的能力，公司管理不善，各项费用无法管控导致居高不下，都会导致营业净利润率的降低。通常来说，资产负债率越低越好，表明企业现金流充足，没有还债风险，不需要通过举债的方式来进行后续的投资发展。资产负债率不超过40%为好。房地产行业的负债率一般控制在70%以内，不超过85%。资产周转率

是指销售收入和平均资产总额之比，可以理解为企业的销售规模，从销售规模去看一家企业，如果企业销售规模越大，说明市场份额越高，可以判断市场需求很大。如果企业的营业净利润率很高，同时资产周转率又很高，那就是很优秀企业。如果一家企业的资产周转率非常高，但是营业利润率很低甚至亏本，那么卖出去产品再多，也是赚不到钱的，说明企业经营能力较差，在市场上缺乏竞争力。

通过杜邦分析法，让我们很快看清楚一家企业的经营状况：一是赚钱能力（营业利润率、ROE）哪家企业的赚钱能力更好；二是风险大小（资产负债情况），企业负债率高，还债的风险大，从而导致现金流压力大。很多炒股的朋友，会连续几年一直观察、分析企业的杜邦数据，从而可以判断出企业大致的发展趋势，非常的快捷、有效。

2. 组织盈利能力、经营效率和财务杠杆的分析

“股神”沃伦·巴菲特格外重视净资产收益率（ROE），将这个指标作为自己选择公司的重要依据。他曾经说过这样一句话：“判断一家公司经营好坏的主要依据，取决于其净资产收益率（ROE）。”此话被无数人奉为圭臬。沃伦·巴菲特巴菲特在《通胀如何欺骗股票投资者》一文中提到了提高盈利的五个方法：

（1）提高周转率，也就是销售额与总资产的比。

（2）廉价的债务杠杆。

（3）更高的债务杠杆。

（4）更低的所得税。

（5）更高的运营利润率。

净资产收益率指的是净利润与股东权益的百分比，其充分反映了股东权益的未来收益水平。这块“试金石”的工作原理看似高深莫测，但实际上用一句话就能总结：看看你以钱生钱的本事如何？实际上，用净资产收益率衡量企业经营业绩是各方财务上的共识，进一步拆解这个共识，又能分成3个关键指标：盈利能力、经营效率、财务杠杆。在这里，我们借助“杜邦分析法”来对净资产收益率进行拆解。如图2-4所示。

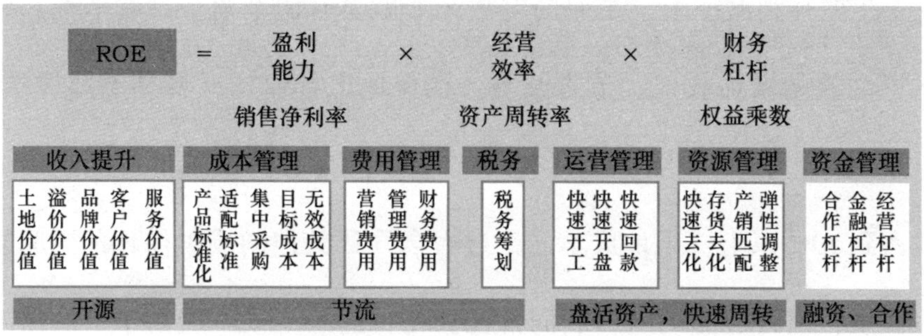

图2-4　净资产收益率的杜邦分析（图片来源于赛普咨询）

被拆解后的净资产收益率分成3个关键指标：销售净利率、资产周转率、权益乘数。其中销售利润率反映盈利能力，资产周转率体现经营效率，权益乘数则表明财务杠杆的运用情况。

从图2-4中我们可以看到，这3个关键指标相乘最终组成了净资产收益率，也就是说其中任何一个关键指标的提升，都能带动自家企业净资产收益率的整体提升。这就是净资产收益率的内在逻辑。

3. 房地产企业如何提升ROE

ROE将成为评判和甄选优质企业的重要指标，进一步考验着房企的内功。拆解ROE进行杜邦财务分析，将评价企业经营效率和财务状况的比率按其内在联系有机地结合起来，形成一个完整的指标体系，并最终通过权益收益率来综合反映。采用杜邦分析法，将ROE体现为利润率、周转率、杠杆率三个维度，可使财务比率分析的层次更清晰、条理更突出。

在提升利润率上，主要的方法无非就是开源节流。开源节流，顾名思义就是增加收入、节省开支。在房地产行业，首要是土地成本，土地成本占整个项目开发成本30%~40%，有的一线城市甚至土地成本占到50%以上，土地成本占比过大会导致其他的成本优化的空间微乎其微，最终会影响项目利润情况。在目前土地成本居高不下的情况下，很多企业选择了合作开发，通过合作开发，降低土地成本，降低项目风险。其次是控制资金成本。资金成本是由利率和时间相乘得来的。利率是由企业质量确定的，国企的资金成本都在6%以下，中海地产的资金成本在4%左右，民营企业的资金成本都在10%以上，民营企业资金成本低于8%的都是优秀的企业，这种资金成本的压力不是短时间就能改变的，唯一可以改变的就是时间，通过加快现金回流，提前归还银行贷款来降低资金成本。

在开源方面，主要是提升价格，没有卖不掉的产品，只有卖不掉的价格！如何让客户能为价格买单，在房地产行业主要是两方面，一方面是通过品牌溢价，比如万科、龙湖的产品就比一般产品卖得高，这就是品牌房企的优势；另一方面是提升溢价，比如中国金茂的“金茂府”产品，通过十二大科技系统给产品提升溢价，泰禾的“院子”产品，把古树高墙、门庭赫奕等传统院落建筑文化融入到产品中提升溢价。房地产企业在快速发展的阶段一直在追求标准化复制，以做大规模抢占市场，但未来的房地产市场最重要的还是产品差异，用产品差异化去提升溢价，打造企业的“IP”。

在提升周转效率上，很多企业都在提倡高周转，高周转模式由来已久，最早是在2004年左右，万科以美国帕尔迪为标杆企业，引进了高周转模式，主要是最大限度地提升资金流动性和使用效率。从根本上来讲，高周转企业的核心经营逻辑是通过回收自由资金及项目现金流贡献实现规模发展。高周转模式对于房企来讲实现了“四两拨千斤”的功效。房企高周转表现在资金管理，实质上是买地、确权、付款、快速开发、快速销售、快速回笼货币资金。房企高周转具体涉及快速开盘周期、回款周期和货值管理等。高周转的核心指标为拿地到开盘时间、销售去化速度、现金流回正时间。企业拿地后，尽快实现开盘以归还股东支付的土地款，项目实现自运转。如图2–5所示。

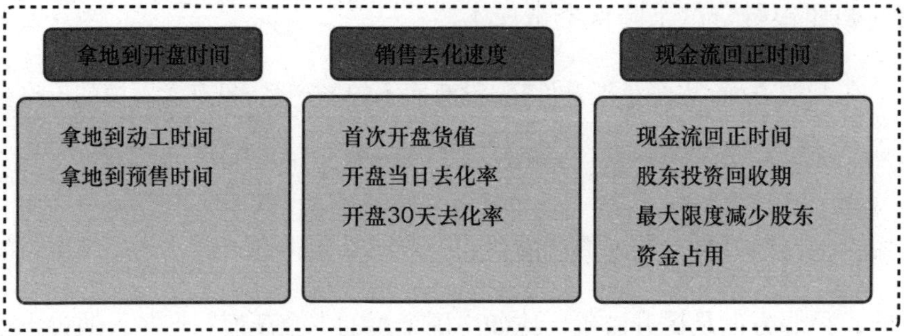

图 2–5　房地产企业高周转三大核心指标

在利用杠杆率上，主要是如何利用好企业的负债做大规模，但同时要负债可控。企业杠杆水平主要涉及资金安全、资产管理、销售比、负债结构、借债能力等。在房地产企业融资越来越难的情况下，企业要完善资产负债结构、做强现金流来增强企业信用。以此获理较高的信用评级。另外，拓展多渠道融资，优化企业的负债结构，降低负债风险，例如某标杆房企的资产负债率要求控制在70%以下，红线不能超赤85%。

4. A、B企业杜邦分析法的案例分析

企业A和企业B的年炼油能力分别为630万吨和550万吨，乙烯年生产能力分别为73万吨和79万吨。两家企业规模大体相当，现以两企业2018年财务报表数据为例进行分析（单位：万元）。如图2–6、图2–7所示。

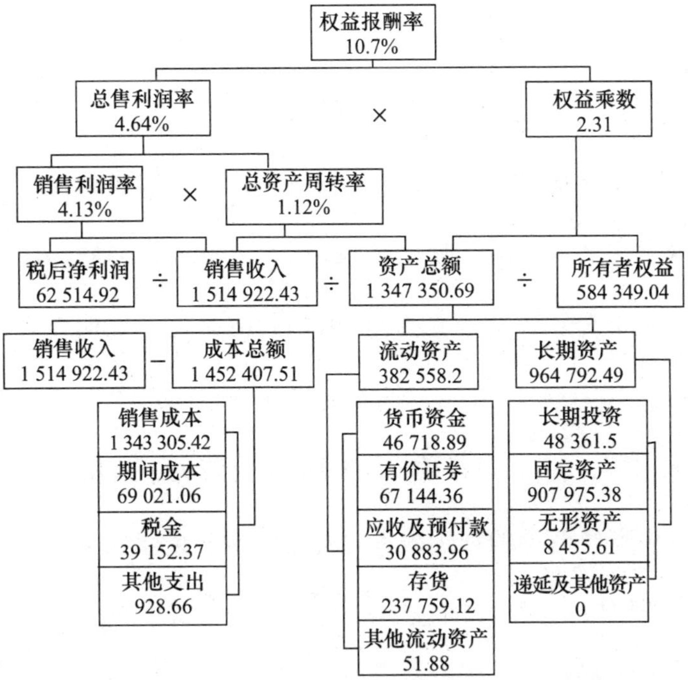

图 2-6　企业 A 的杜邦分析

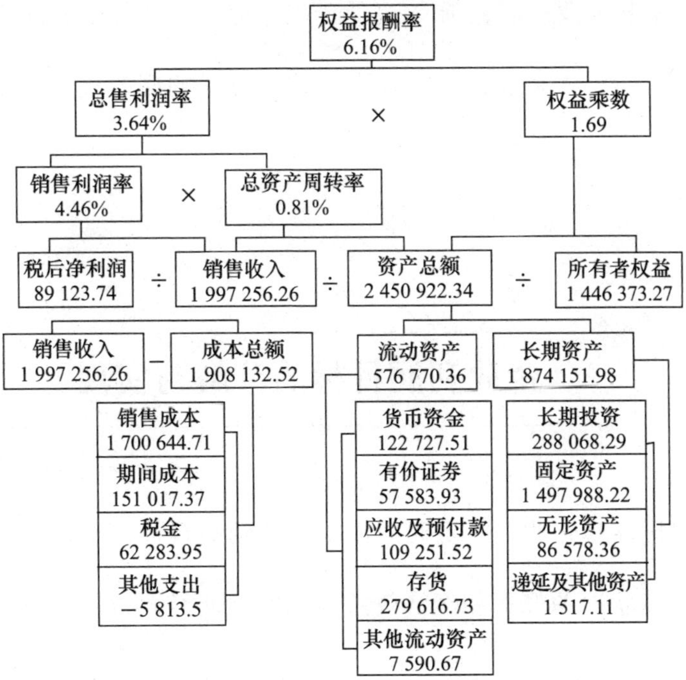

图 2-7　企业 B 的杜邦分析

从上述数据可以看出：

第一，由于B企业的资产总额过高，该企业虽然销售收入和税后净利润优于A企业，但由于总资产周转率过低，造成总资产报酬率和权益报酬率的低下。B企业资产总额比A企业高1103571.65万元，其中流动资产部分比A企业要高出194212.16万元，长期资产部分比A企业要高出909359.49万元，长期资产部分中固定资产又高出A企业590012.83万元，占到总体的53.46%。由此可见，占用资产过大，固定资产在生产经营中的利用效率过低是导致B企业权益报酬率低于A企业的主要原因。因此该企业在今后的生产经营中必须将重点放在提高资产运作效率上。

第二，B企业的权益乘数也低于A企业，说明B企业的负债程度要低于A企业，A企业在获得较大的杠杆收益的同时也承担了较高的财务风险。

企业利润目标的分解与实现

利润目标是企业在一定时间内争取达到的目标，反映着一定时间财务、经营状况的好坏和经济效益高低的预期经营目标。对于利润目标进行管理，需要通过测算来确定利润目标，然后分解利润目标，以全面实现既定的利润目标。

1. 企业利润目标的测算方法与七大步骤

在制订企业经营计划时，经常会对目标利润进行不同条件的测算，以找到实现利润目标的最佳方法，目标利润包括三方面的内容：产品成本、产品价格、产品销量；通过这三个方面对目标利润进行预测，对目标利润的预测有利于销售的行为决策，只有更准确地预测与实现目标利润，也能更好地服务于企业领导的经营决策。

利润目标的测算是一个很严肃、重要的预算过程、预计过程、估计过程。一般采取顺序递推、两点控制、滚动递延分解这几种预算方式。如表2–4所示。

表2–4　确定利润目标的测算方法

方　法	操作要领
顺序递推法	是根据预测的产品市场价格和成本水平，来推算既定产销方案的盈利能力。具体步骤：根据资源状况、市场销售情况等因素，优化产品结构，确定投入产出方案；在产销平衡的前提下，根据销售情况和有关政策，先预测产品的销售价格，再推算销售收入；根据上述预测的数据，确定当期利润水平

续表

方　法	操作要领
两点控制法	是根据利润目标来推算既定产销方案的原料和产品的保利点与保本点。保利点是指在单价和成本水平确定的情况下，为确保预先确定的利润目标能够实现，而应达到的销售量和销售额的统称。保本点（又称盈亏临界点、盈亏平衡点、够本点）是指能使企业达到保本状态时的总业务量。两点控制法测算虽然过程较麻烦但却很有必要，因为管理者需要掌握企业的销售底线和盈亏平衡点。基本做法是：假定利润为零和利润为利润目标时，先分别测算原材料保本采购价格和保利采购价格；再分别测算产品保本销售价格和保利销售价格
滚动递延分解法	是在上述测算方法的基础上，对全年利润进行滚动测算，每月结束后，根据该月的完成情况，对次月至年底的效益进行测算，并按年、季、月、旬进行分解，步步为营，从而推动全年利润目标稳步实现

企业目标利润的测算主要分为七个步骤，如表2-5所示。

表2-5　企业利润目标测算七个步骤

步骤	类别	内容
第一步	确定利润标准	通过对产品成本、同类型产品的市场占有率、市场空缺等因素的调研，确定所销售产品的利润标准
第二步	设定业务量	确定企业设定的业务量及资金指标，然后用利润标准乘以业务量指标来获得目标利润基数
第三步	确定目标修定值	确定目标利润基数并不能完全反映实际销售中的真实情况，比如销售中出现产品运输损坏、人员受伤等一些不确定因素，这时我们需要确定目标利润修正值

续表

步骤	类别	内容
第四步	公布利润目标	最终我销售产品的目标利润也就等于目标利润基数加上目标利润修正值，对我们确定的最终目标利润进行公布
第五步	进行业务分解	对公布的最终目标利润我们还需要进行销售业务的分解，只有目标最终落实到位才具有意义
第六步	考核措施	对于目标利润的落实，我们还需要对应考核措施，应尽量对考核内容进行量化，这样更利于目标利润的落实
第七步	测算论证	目标利润预测后我们还需要借助一些方法进行认证其科学性，如增长百分比法，这可参考前几年的销售增长情况来进行测算，还有一些其他的方法：资产报酬率法、量本利分析法等

2. 利润目标分解：归口分解法和分级分解法

利润目标确定以后，关键在于如何分解落实。通过利润目标的分解，可以使企业各部门和每个员工都能明确自己为实现利润目标应履行的职责和应完成的任务，并制定达到利润目标的办法。通过自上而下的方式将目标和办法系统逐级展开，形成一个结构更加完整、关系更为协调、力量更为集中的企业利润目标体系。

利润目标的分解方法主要有以下两种：一是利润构成指标归口分解法，二是分级分解法。如表2-6所示。

表2-6 利润目标分解方法

方法	操作要领
归口分解法	将企业确定的销售额、目标成本等指标，按其主要负责部门归口分解下达。比如，销售额指标由销售部门归口负责，销售部门再将销售收入分解为销售量、销售价格、全年合同数、回收货款等小指标，落实到有关业务部门或个人；目标成本指标由生产部门、财务部门等归口负责。只要各归口部门完成各自承担的指标，就可确保利润目标的实现
分级分解法	如果企业各车间的业务都具有较强的独立性，则完全可以将企业的总利润目标分解为各部门的分目标。企业应考虑各部门的能力及目标年度增减收益因素等，提出各部门能够承担的利润目标。各部门再对企业下达的收益指标进行反复讨论，然后层层分解落实到班组和个人

目标利润分解也是企业经营管理的重要组成部分，要建立“优化测算、强化分析、深化控制”三位一体的年度利润目标分解体系，形成系统的利润目标分解逻辑，让员工知道干什么，该怎么干。按照“横向到边、纵向到底”的原则，完善全员目标利润责任制，层层分解，责任到人，建立目标利润责任制的指标体系和考核体系，加大成本和费用的管控力度，不断挖掘可控费用的潜力、降低无效成本的浪费。健全和完善公司的经营分析机制，加强跨部门之间的协同运作能力。

3. 房地产企业利润目标分解逻辑

房地产行业在老百姓眼中是暴利行业，然而，曾经风光无限的房地产行业如今也走下高利润率的神坛。对于房地产企业来说，销售业绩的整体飘红并不能掩盖利润率的持续下滑，很多项目开始出现亏损。房地产市场已经进入新常态，房企分化加剧，市场将告别高速增长。原来开发商靠买地后坐等升值、获取利润的方式将一去不复返，在土地价格居高不下的情况下，一旦拿了高价地的项目推迟开工、开盘的话，必然为企业带来较大的财务成本，项目的利润空间将进一步受到限制。房地产企业如何提升企业利润，成为企业最紧迫的问题。如图 2-8 所示。

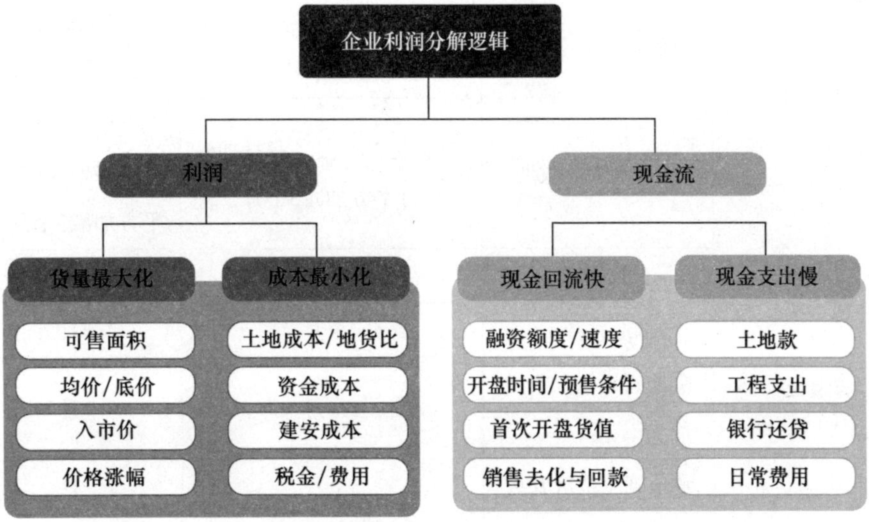

图 2-8　房地产企业利润分解逻辑

在“住房不炒”的背景下，房地产的投资进一步受到遏制，房地产刚需市场即将面临饱和，房地产企业面临前所未有的竞争压力。企业要想生存与发展，必须从企业内部找问题，向管理要效益，而提升企业经营管理能力最为关键。企业经营管理是一系列的管理与运营活动，在提升企业经营管理能力过程中，面对存在的问题，需要根据企业自身运营情况，采取针对性的策略，获得员工对企业经营管理的认可与支持，提升经营管理能力，进而提升核心竞争力，创造经济效益，推动企业快速发展。如表2-7所示。

表2-7 房地产企业利润核心指标

类别	指标	现金流型	利润型
投资标准	销售毛利率	20%~25%	25%~30%
	销售净利润率	8%~10%	12%~15%
	现金流回正时间	一线城市12个月、二线城市10个月	一线城市18个月
	股东投入回收期	20万方20个月、每增加5万平方加减3个月	20万方26个月、每增加5万平方加减3个月
	全投资IRR	18%	15%
运营标准	拿地到开工	2个月	4个月
	拿地到规划方案批复	3个月	4个月
	拿地到示范区开放	5个月	7个月
	拿地到开盘（预售条件有关）	7个月	9个月
	拿地到毛坯交付	28个月	30个月
	拿地到精装交付	30个月	36个月
	关键节点达成率	100%	90%

续表

类别	指标	现金流型	利润型
销售标准	首开货量	20%	20%或者2栋
	首开去化率（30天内）	85%	70%
	推售节奏	两月一次	不超过3个月一次
成本标准	成本变动率	3%	3%
	管理费用率	2.00%	2.00%
	营销费用率	1.80%	2.00%
	资金成本	8%~12%	8%~12%
	战略采购比例	70%	70%
	签证变更率	3%	5%
货值标准	可售比	大于72%	70%
	可售面积变化	无变化	无变化
	立项均价偏差	5%	5%

4.房地产企业利润实现路径与要点

日常管理过程中，员工只关注工作任务的完成，对于工作任务与公司利润的关系不理解。想要提升房地产企业利润，还得靠提升员工的经营意识与经营能力，必须改变以前粗放式的管理，对房地产开发过程中的各阶段、各专业形成更为精细化的经营管控要点与体系，让全体员工理解经营，参与经营，向管理要效益，实现企业增质提效。

笔者提出以项目为中心，建立全周期、分阶段、全专业的管控要点，如表2-8所示。

表2-8 房产地企业利润实现路径与要点

阶段	管控要点
拿地阶段	拿地时机：城市与市场轮动周期、可研全覆盖、溢价10%以内 投资标准：房地比 2.0以上 产品定位：定位精准与成本适配、精装标准溢价空间。体量标准：快周转（体量10万~15万方）、超15万方合作开发 资金来源：土地款支付方式（分批）、融资方案（自有资金投入）、战略合作方 税筹方案：项目的分期和分摊原则（土增税）
设计阶段	最大货值：可售比 72%~75% 最小地库：地库面积与成本控制 客户得房率：75%~80% 设计指标控制：硬软景3：7、单车位面积35、窗地比0.21~0.23、实体示范区 成本适配：成本标准、工程参与 设计标准：产品的成本价与备案价的适配，产品标准化 合约规划：划清合约界面，各部门充分参与 供方选择：完善供方资源
施工阶段	实现路径：形成拿地到开盘、交付的实现路径 工期合理：销售节奏与施工进度匹配、抢工费用 地下部分：地下部分施工成本控制（土方、桩基） 变更签证率：3%、月清月结，控制联系单、签证变更 图纸质量：施工图纸准确、及时，避免无效成本 无效成本：降低无效成本，样板先行（精装点位、样板房、幕墙） 报建配合：信息与进度配合，规避罚款及停工风险

续表

阶段	管控要点
销售阶段	销售周期：当年的销售与回款、销售节奏控制（2~2.5年） 首开标准：货量、去化与回款率 销售价格：底价与表价 销售节奏：小步快跑，每1~2月开盘一次 逾期回款：180天内回款 资金利用：监管资金活化：70% 销售佣金：根据产品销售难易程度动态调整佣金比例 营销费用：多盘联动，统筹使用营销资源
交付阶段	坐收时间：拿地到交付毛坯30个月、精装36个月 工程款支付比例：10∶30∶85，过程支付（12月、6月不付款） 结算取票：取票率95%以上，交付后3个月内结清 土增退税：争取在1年内全额退回 滞销产品：车位、商铺去化方案

第三章

目标管理：计划先行，确保目标有效分解与执行

目标管理是以目标的设置和分解、实施及完成情况的检查、奖惩为手段，通过员工的自我管理来实现企业的经营目的的一种管理方法。它既强调完成目标，又重视人的作用，因而被彼得·德鲁克称为“管理中的管理”。要管理好目标，就要明确目标管理要素，合理制定目标，做好目标分解，制定和实施目标执行计划，并在管理过程中进行有效控制；同时要运用相关工具，助力实践中具体的管理工作。

谷歌的目标管理法

谷歌的目标管理法OKR是帮助谷歌全体员工保持一致的努力方向、更有效地完成任务并进行考核的方法。谷歌不仅在公司、团队、管理、普通员工中设立不同层面的OKR目标，而且每个季度考评的“关键结果”均是特定的、可测量的目标。

1. 谷歌的目标管理法OKR简介

谷歌的每个员工每个季度都需要给自己定一个或者几个Objectives（目标），以及衡量目标是否达成的Key Results（关键结果），这几个词合在一起被称为“OKR”。每个人的OKR会放到自己的网页上，大约半页纸长，大家都可以看到。如果谁没有制定OKR并且一目了然，即使没有人催你，大家看到你的网页上面是一片空白，你自己也会觉得不好意思。到了季度结束时，每一个人会给自己的目标完成情况打分。完成了，得分是1。部分完成，得分是0~1一个数字。

谷歌强调每一个人制定的目标要有挑战性，因此如果一个人完成目标的得分情况总是1，不能说他工作好，而是目标定得太低。大部分情况下，大家完成目标的得分在0.7~0.8。当然，一个季度开始的时候的想法，和后来完成的任务可能会有差异，早期没有想到的事情后来可能做了。因此，在总结季度工作时，可以增加当初没有制定的目标，对于不打算完成的目标，或者已经过时、不再有意义的目标，不能删除，但是可以说明为什么没有做。

谷歌每个季度和年度都有OKR，并保持这样一个节奏的。年度的OKR不是一下就敲定了的。比如在12月设了下季度和年度的OKR，往后集中精力在实施季度OKR上，毕竟这是眼前的目标。而过了一段时间，可以验证年度OKR是不是正确的，并不断修订它。年度的OKR是指导性的，并不是约束。

OKR有三个重点，如表3-1所示。

表3-1　OKR的三个重点

序　号	重点所在
1	时间和数量是可量化的，尤其是KR部分。比如不能说“使gmail（谷歌的免费网络邮件服务）达到成功”而是“在9月上线gmail并在11月有100万用户”。这一点在所有目标管理方法都是这样要求的，倒不是OKR特有
2	目标要有一些挑战。一般来说，1为总分的评分，达到0.6~0.7就是较好的了，这样员工才会不断为目标而奋斗，而不会出现期限不到就完成目标的情况
3	每个人的OKR在全公司都是公开透明的，每个人的介绍页里面就放着他们的OKR的记录，包括内容和评分。这意味着公司需要有一个公开的系统来支撑OKR的运作

OKR有四个优势，如表3-2所示。

表3-2　OKR的四个优势

序　号	优势所在
1	促使每个人思考，主要目标会随之浮现，尤其是最重要的目标
2	沟通会更顺畅，让每个人都知道什么是最重要的，减少沟通成本；利于沟通也在于每个人知道其他人的OKR，也意味着可以快速地了解其他人的工作目标、内容和困难点
3	能找到一个衡量过程的指标；这一点与KPI有很大差别，KPI基本上只是衡量最后的结果
4	能让公司的每个人集中地为某件事而努力，保持向心力

2.OKR的沟通方式与实施基本要求

目标的设立顺序应该是从上至下的，即从公司到部门到团队到个人。员工想做什么和管理者要求员工做什么，一般来说是不会完全相同的。员工可以通过先查阅上层的目标，在自己想做的事情范围内找到能对公司目标有利的部分，将其拿出来和自己的管理者进行讨论，做权衡取舍。某种情况下，很有可能这个自己想做的东西，会变成公司今后改变的发展方向。

OKR有自己的沟通方式，如表3-3所示。

表3-3　OKR的两种沟通方式

事　项	含 义
一对一交流	即个人和他的直接管理者沟通。尤其是在一季度结束，另一季度开始时，要协商好关键结果是什么。因为不仅个人能说明自己想做什么，也是上面表达他想要你做什么，最好的情况是两者得到结合
全公司会议	以团队的形式进行，各团队的领导参加并介绍自己团队的OKR，最终大家一起打分评估

OKR实施方面的基本要求，如表3-4所示。

表3-4　OKR实施过程中的基本要求

序　号	优势所在
1	最多5个O，每个O最多4个KR
2	60%的O最初来源于底层。下面的人的声音应该被听到，这样大家工作会更有动力。这一点与KPI也绝对不同
3	所有人都必须协同，不能出现任何命令形式。这显然给团队Leader或项目经理更大的难度和挑战，需要更强的沟通协调技巧
4	一页写完最好，两页是最大限值了
5	OKR并不是绩效评估的工具。对个人来说，它起到很好的回顾作用，能快速明了地让自己看到做了什么，成绩是怎么样
6	只有在KR仍然很重要的情况下，才持续为它而努力
7	谷歌有联合会组织来保证每个人都朝同样的目标行进。事实上，OKR实施过程中能够获得大家的认可和帮助，这是很有趣的事情
8	分数达到0.6~0.7是不错的表现，因此绝大多数人将其作为目标。如果分数低于0.4的人就该思考，自己的这个项目究竟是不是应该继续进行下去。事实上，0.4以下并不意味着失败，而是明确什么东西不重要及发现问题的方式。分数永远不是最重要的，它是作为一个直接的引导作用

制定目标的模型与方法

1.QQTC模型：数量、质量、时间、成本

设计目标、评价目标必须有标准，有衡量尺度，衡量标准主要有四种类型：数量、质量、时间和成本。我们可以通过深入挖掘四个维度的内涵，从而设计出多种多样的评价尺度。如表3-5所示。

表3-5 制定目标的四个维度的内涵

维 度	内 涵	举 例
数量（Quantity）	通常可以用个数、时数、次数、人数、项数以及额度来表示	个数、产量、次数、频率、销售额、利润率、客户保持率等
质量（Quality）	比率、评估结果、及时性、满意率、达成率、完成情况、合格率以及周转次数是这种指标的常用说明方法	准确性、满意度、通过率、达标率、创新性、投诉率等
时间（Time）	最通用的是完成时间、批准时间、开始时间、结束时间、最早开始时间、最迟开始时间、最早结束时间、最迟开始时间、最早结束时间和最迟结束时间等一次概念	期限、天数、及时性、推出新产品周期、服务时间等
成本（Cost）	可以包括费用额、预算控制等内容	成本节约率、投资回报率、折旧率、费用控制率等

对定量的目标，我们可以多从数量、成本等角度来衡量，如招聘人员的数量、检查次数等。对于定性的目标，从质量、时间的角度考虑就会多一些，如人员对职能部门服务的满意程度，可以通过人员投诉率、服务及时性来表示。职能部门的目标同样也可以从数量、质量、时间和成本这四个维度来衡量。

2.SMART原则：具体的、可衡量、可达到、相关性、有期限

制定目标的四个维度数量、质量、时间、成本实际上是告诉目标管理者应重点关注的因素，管理过程中应该做什么工作。SMART原则是帮助目标管理者避免让目标变成一种“美好的愿望”。如图3-1所示。

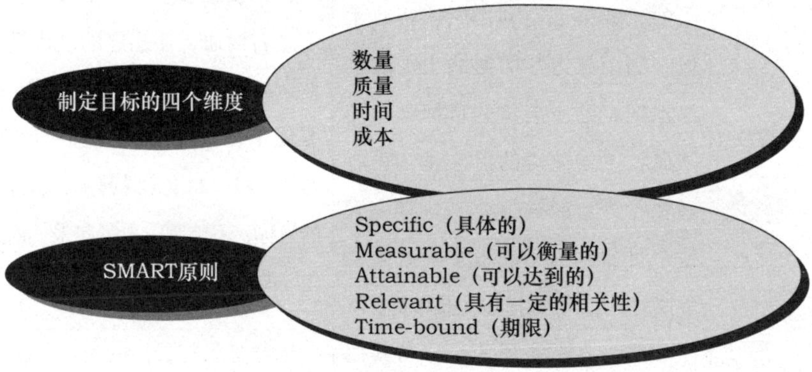

图3-1　制定目标的四个维度与SMART原则

SMART是英语单词Specific（具体）、Measurable（可衡量）、Attainable（可达到）、Relevant（具有相关性）、Time-bound（有一定期限）的第一个字母。其具体含义，如表3-6所示。

表3-6　MART原则的具体含义

原　则	含　义	实施要求
明确性	要用具体的语言清楚地说明要达成的行为标准。明确的目标几乎是所有成功团队的一致特点。很多团队不成功的重要原因之一就因为目标定得模棱两可，或没有将目标有效地传达给相关成员	目标设置要有项目、衡量标准、达成措施、完成期限以及资源要求，使考核人能够很清晰地看到部门或科室月计划要做哪些事情，计划完成到什么样的程度
衡量性	如果制定的目标没有办法衡量，就无法判断这个目标是否实现。因此，目标应该是明确的而不是模糊的，应该有一组明确的数据，作为衡量是否达成目标的依据	目标的衡量标准遵循“能量化的质化，不能量化的感化”。使制定人与考核人有一个统一的、标准的、清晰的可度量的标尺，杜绝在目标设置中使用形容词等概念模糊、无法衡量的描述
可实现性	目标是要能够被执行人所接受的，如果上司利用一些行政手段，利用权力性的影响力一厢情愿地把自己所制定的目标强压给下属，下属典型的反应是一种心理和行为上的抗拒。一旦有一天这个目标真的完成不了的时候，下属有一百个理由可以推卸责任	目标设置要坚持员工参与、上下左右沟通，使拟定的工作目标在组织及个人之间达成一致。既要使工作内容饱满，也要具有可达性。可以制定出跳起来“摘桃”的目标，不能制定出跳起来“摘星星”的目标
相关性	相关性是指实现此目标与其他目标的关联情况。如果实现了这个目标，但对其他的目标完全不相关，或者相关度很低，那这个目标即使被达到了，意义也不是很大	毕竟是工作目标的设定，要和岗位职责相关联，不要跑题。比如一个前台人员，你让她学点英语以便接电话的时候用得上，就很好，你让她去学习六西格玛，就比较跑题了

续表

原　则	含　义	实施要求
时限性	目标是有时间限制的。上下级之间对目标轻重缓急的认识程度不同，上司着急，但下属不知道。到头来上司可以暴跳如雷，而下属觉得委屈。这种没有明确的时间限定的方式也会带来考核的不公正，伤害工作关系，伤害下属的工作热情	目标设置要具有时间限制，根据工作任务的权重、事情的轻重缓急，拟定出完成目标项目的时间要求，定期检查项目的完成进度，及时掌握项目进展的变化情况，以方便对下属进行及时的工作指导，以及根据工作计划的异常情况变化及时地调整工作计划

无论是制定团队的工作目标，还是员工的绩效目标，都必须符合上述五个原则，缺一不可。制定的过程也是对部门或科室先期的工作掌控能力提升的过程，完成计划的过程也就是对自己现代化管理能力历练和实践的过程。

3.OGSM模型：目的、目标、策略、测量

目标要层层分解最终到达个人；个人分目标就是企业总目标对他的要求，同时也是这个企业管理人员或工人对企业总目标的贡献。目标只有分解到个人，才能高效地完成既定目标。

行动方向（D）：

√ 清晰刻画战略意图或战略任务；

√ 一般为“动+宾”结构；

√ 下一级的行动方向（D）是上一级的行动计划（A）。

目标（O）：

√ 是行动方向，期望成功状态的表述；

√ 下一级目标（O）是上一级对应行动计划（A）的衡量标准（M）。

行动计划（A）：

√ 实现目标（O）的行动分解，要具体；

√ 各行动计划之间不重叠、不交叉；

√ 行动计划要有所侧重，有所忽略；

√ 明确责任部门与负责人员。

衡量标准（M）：

√ 针对每项行动的具体衡量标准；

√ 必须可量化，可考核；

√ 包括量化的绩效指标KPI以及细化的管理指标。

OGSM中做什么与怎么做的关系，如图3-2所示。

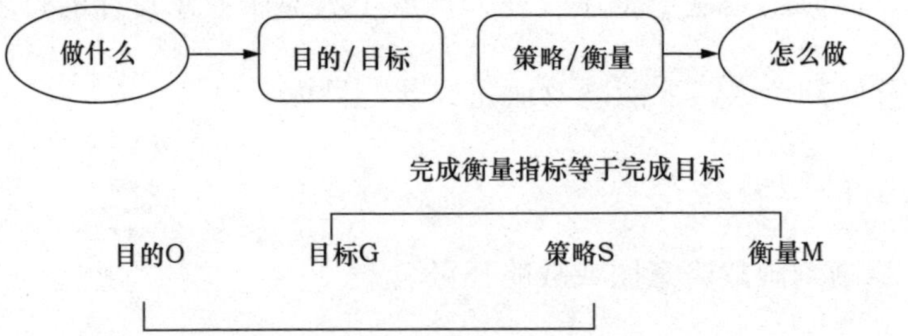

图3-2 OGSM中做什么与怎么做的关系

OGSM从上向下传递，下一级支持上一级并体现一级的要求，以确保全公司范围步调与重点一致。在制定过程中需要充分沟通，有要求，也有承诺。集团与分子公司的OGSM的层次关系，如图3-3所示。

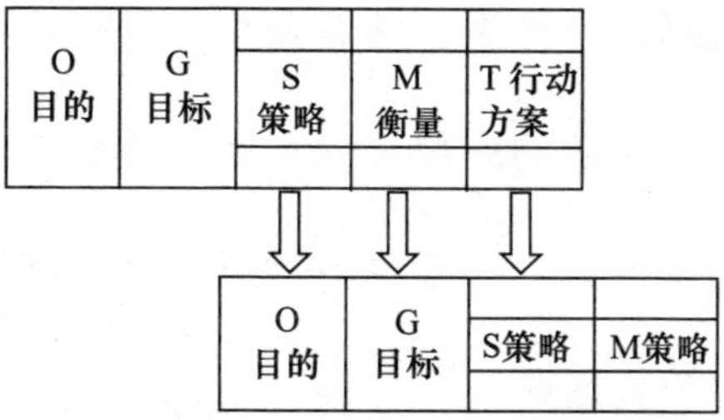

图3-3　集团与分子公司的OGSM的层次关系

用OGSM将目标转化为行动计划，如表3-7所示。

表3-7　用OGSM将目标转化为行动计划

目的（D）	目标（O）	行动计划（A）	衡量标准（M）	工作计划（P）	责任人
实现开盘	9月10日取得预售许可证	8月30日工程结项，达到预售条件	结项现场照片	工程施工计划	工程负责人
		材料准备	材料齐全		前期负责人
		预售证办理	证件取理		前期与营销
		银行监督协议	协议签订		财务负责人
	9月5日样板房开放	样板内完工	完成，现场评审通过	施工计划	工程主管
		景观完工			景观工程师
		道路完工			市政工程师

4. 制定目标要注意的三个关键点

制定目标年年做、人人做，但分解和执行的效果却差异较大，有的企业有系统的目标管理体系，从企业整体目标确定，分解到项目公司，分解到部门，再分解到岗位，分解到具体的人。但在层层的分解过程中大打折扣，导致最终目标无法实现。我们在制定目标的同时，必须要考虑以下几个关键点。

（1）各个层级的能力、资源环境不同。在制定目标的过程中，很多企业是“切蛋糕”式的硬性分解模式，没有考虑到员工及部门团队的能力，完成该项任务需要员工及团队具备什么样的能力，当能力达不到时，应该采取哪些措施。该项目任务需要匹配什么样的资源，特别是一些重点、难点任务时，一开始就能预估完成难度大，需要提前考虑配置较好、较全的资源，以提高任务完成的可能性。还有跟任务的环境有关，新的市场与成熟的市场是不一样的，一线城市与三、四线城市的环境也是有差异的，这些条件要在制定目标时重点考虑清楚。

（2）目标分解的关键任务不清晰。当一个目标分解成较多的子任务时，员工在执行任务时抓不住重点，眉毛胡子一把抓，不知道完成目标的关键路线、关键任务在哪。或者出现了子任务的遗漏、缺失，如在房地产行业中，获取项目的预售许可证需要很多材料，而且很多地方的要求不一样，有时就缺了一项任务未完成，导致无法按时取得预售许可证，导致无法开盘销售。

（3）目标没有达成统一共识。企业在进行目标分解时，领导者理所当然地以为员工是理解的，能接受的，但在任务执行过程中每个成员对目标的理解都不一样，导致执行效果产生较大的偏差。还有很多时候，目标的分解都是强压式的，没有商量的余地，影响员工的积极性。特别是每当年底需冲刺完成目标时，领导者会把未完成的目标开始强压分配。这样最后会让员工感觉任务根本不是自己的，而是领导强压下来的，完不成也是没有办法的事。因此，下属开始应付，并不是全力以赴地去执行。

总之，制定目标时要充分考虑到各分解层级员工的能力、根据任务的难易程度配置资源、同时考虑到实现任务的环境，在分解目标时，把关键路线与关键任务做重点部署、说明，要让所有的人都能对自己的目标任务是清晰的，是愿意接受的，能全力以赴地完成各子项任务，最终实现目标。

目标的分解与计划实施

1.为什么要进行计划管理

计划的重要性——由来已久

（1）《礼记·中庸》："凡事预则立，不预则废。"谓做任何事情，事先谋虑与计划好就会成功，否则就要失败。

（2）明·刘伯温《百战奇略·计战》："凡用兵之道，以计为首。"指挥军队作战的法则，应把研究各种情况，制定谋略与详细的作战计划作为首先加以考虑的事情。

（3）一年之计在于春，一日之计在于晨。

（4）有原则不乱，有计划不忙！

谋定而动。"谋"就是做计划，也就是做任何事情之前，都要先计划清楚。有人说管理就是制定计划、执行计划、监控计划的过程。项目管理泰斗科兹纳更是一针见血地指出：不做计划的好处，就是不用成天煎熬地监控计划的执行情况，直接面临突如其来的失败与痛苦。可见项目计划在项目管理中的重要性。

没有计划，就是盲人摸象，完全凭想象做事，无法全盘考虑问题，只见点不见面，随时都有可能发生顾头不顾尾的事情。没有计划，项目中的各个环节都需要重新构思整个流程，每个节点都无法进行准确的配合与接洽，相关责任人无法对项目进行准确的理解，团队成员不能统一步调。在工作中，我们其实都有计划，只是很多时候未按计划执行。比如很多管理者认为，工作很忙，根本没时间做计划，再就是做计划是给领导看的，与公司经营关系不大，导到员工对计划不重视，因为他们常常觉得：

√ 计划赶不上变化，变化赶不上老板一句话；

√ 以前没有做计划，照样能完成任务；

√ 提出的计划形同虚设，没人考核与跟进；

√ 部门人员偏少，没人愿意去做计划，认为耽误工作时间。

有效的计划管理能帮助企业管理者合理分配资源、顺利达成目标，执行过程中就不会出现重大的变化；在崇尚科学管理的现代企业里无不重视对计划的管理。做了计划和没有做计划相比，哪个会执行得更好呢？有计划总比没计划强，好计划自然比差计划更好，我们首先要端正态度，做计划不是一个技术问题，而是一个认真对待项目的态度问题，做计划是为了改善工作、提高效率，千万不要为了有个计划而做计划。

2. 制订有效的计划：七步工作法

七步工作法就是从计划、执行、检查、行动等各个环节进行控制。其工作流程，如图3-4所示。

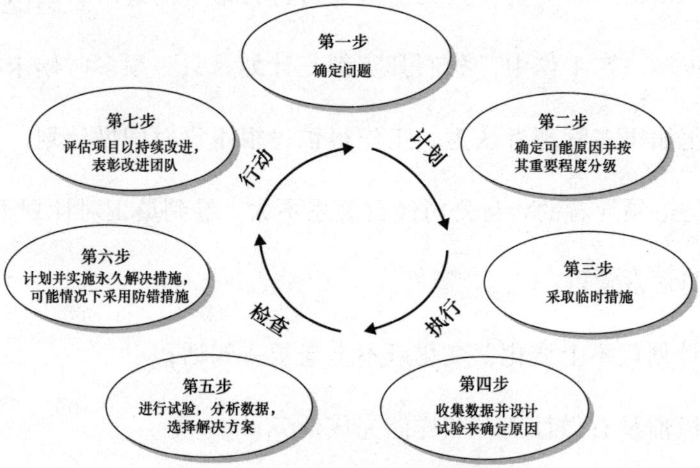

图3-4 七步工作法流程图

七步工作法流程图中各步详解，如表3-8所示。

表3-8 七步工作法各步骤详解

步 骤	工作方法
第一步	确定问题：明确定义与产品、过程或其他要求相关的问题；完整地识别问题可以加快第三步和第六步措施的实施；问题描述要简洁明确，不要太宏观，如“发动机坏了”；将数据按所分析的故障形态用直方图、控制图、运行图、柱状图等进行分类；吸收适当的专家意见以协助确定问题；确定并量化；将报告的问题翻译为“技术性的问题描述或陈述”；问题的最终陈述必须是小组或个人知道他们该解决什么问题，能知道他们该在何时解决问题

续表

步　骤	工作方法
第二步	确定可能原因并按其重要程度分级：针对所描述的问题记录所有可能原因，并选择最有可能的原因与制定改进措施；在此期间分析故障原件、观察发生故障的部位、了解发生问题时的外界环境非常重要；运用系统化逻辑推理的方法确定产生问题的根源；头脑风暴："获得重要意见的最佳途径就是收集许许多多的意见，并把不好的意见扔掉"；在过程中的晚些时候进行最后的验证与确认（之所以在"晚些时候"，是为了避免过程当中的遗漏）
第三步	采取临时措施：立即采取措施保护用户，避免造成用户的更进一步损失；确保问题得到隔离，用户将不再会受到影响；制定并实施临时措施；确保按七步工作法改进过程中对应所实施的每一短期措施时的日期、日期代码、流水号等得到记录，这样可以保证可追溯性；增加检查频次；适当情况下与员工、其他工厂或部门交流信息
第四步	收集数据并设计试验来确定原因：用数据确定产生问题的可能原因，根据需要设计试验以验证或重现原因；制定数据采集计划以确认在第二步确定的可能原因，如审查历史记录、测量零件等；如果上述活动未能再现问题，则需要设计附加试验；保证离过程最近的人员参与活动，同时在准备采集数据时要注意好"什么"和"为什么"
第五步	进行试验，分析数据，选择解决方案：确认产生问题的真正根源，确定并选择根除这些根源的有效解决方法；实施在第四步确定的所有试验；对照希望得到的结果分析试验结果或历史数据；选择最有效的解决方法；用试验证明当原因存在时产生了效果，而原因不存在时则没有效果；通过验证因果关系的存在确定出起作用和不起作用的项目；通过分析数据发现哪些模式再现了周期、趋势或轮换变化的出现；根据对数据的分析确定出解决方案

续表

步　骤	工作方法
第六步	计划并实施永久解决措施，可能情况下采用防错措施：实施永久解决措施并验证其效果；计划必要的活动来有效地实施第五步确定的解决措施；保证尽可能采用防错型的解决措施；确定表示改进成功与否的指标；持续足够长的时间以消除缺陷；确保控制计划得到及时更新；确保更改得到交流并得到正确的展开
第七步	评估项目以持续改进、表彰团队：通过量化的方法评估消除问题根源的效果，并验证防止问题重复发生所需的控制方法已经到位；评价进一步进行改进的机会；表彰和感谢在解决问题过程中所有参与人员所付出的努力和取得的成绩

3. 影响计划执行的主要因素分析

计划是对目标实施所做的统筹安排，是企业经营计划的重要组成部分，是企业进行生产管理的重要依据。对于生产制造型企业而言，为了满足客户需求以及生产的连续性，企业通常会制定一份稳定、均衡的主生产计划，指导各部门生产什么、什么时候生产以及生产多少；库存信息表明已有什么，物料清单表明用到什么。

主生产计划就是根据库存信息、物料清单、采购和生产情况计算出完成最终产品出货还缺什么、缺多少，从而得出采购和生产计划信息。计划信息再由计划员进行能力与负荷平衡及修正后，产生最终的采购订单和生产订单，之后就是采购和生产任务的具体执行。由此可以看出，影响生产计划执行有许多的因素。

4. 影响生产计划执行的因素

影响生产制造型企业生产计划执行的因素有很多，归纳起来，主要有以下几个方面，如表3-9所示。

表3-9　影响生产计划执行的因素

序　号	类　别	内　容
1	订单变更	临时订单或者临时变更的订单较多，这给安排生产和采购带来很多不确定因素
2	图纸变更	计划在执行过程中出现变更是难免的，或者是由于原设计有问题需要修改，或者是由于业主提出了新的要求。计划管理者应加强图纸审查，严格控制随意变更
3	资金问题	执行计划一般需要足够的资金作保障。某些原因导致的资金短缺会影响到计划的顺利进行。计划管理者应密切关注此项工作，督促一个方面及时拨付计划进度款，以免因资金供应不足而造成的损失
4	物料供应	物料清单错误将导致大量的呆滞物料产生，比如物料清单没有及时更新造成缺料，这样造成生产部门的物料需求经常得不到及时的满足，为了避免产销存脱节，仓库增加库存，车间增加领料，干扰了生产计划的执行
5	供应商	供应商的影响是个老生常谈的问题，因此需要加强供应商管理，包括对供应商建立一套评估考核的体系和对供应商灌输先进的管理思想，筛选高素质供应商，淘汰跟不上公司节奏和要求的“山寨厂”，保证物料供应顺畅

续表

序　号	类　别	内　容
6	外部因素	各种风险因素的影响，包括政治、经济、技术及自然等方面的各种预见的因素
7	计划理想化	计划员排计划过于理想化，对产能及瓶颈资源计算不足，计划管理不严格，不能平衡各生产部门的进度，计划的调整过于频繁，这些因素都会严重影响生产计划的执行
8	流程不顺畅	执行者的意识、素质和操作熟练程度，包括部门主义，推诿扯皮，不按流程做，责任心不强，轻视交货期，违规操作等，都会最终导致计划和执行“两张皮”。现场管理不到位，生产现场混乱，工作中心和工艺路线设置不合理，都会导致产品质量不稳定、生产效率低下，影响按时交货。生产过程控制不到位，关键工序缺乏评审，检测、检验程序不完备，产成品经常返工，造成工时的严重浪费

5. 提升计划执行效率：时间管理四象限法

计划一定是可以变的，不可变的就不叫计划，所以，虽然计划没有变化快，但是还要做计划，其关键是要分清轻重缓急。在这方面，时间管理四象限具有借鉴意义，不仅可以分清轻重缓急，也有助于消除影响计划管理的某些不利因素。如图3-5所示。

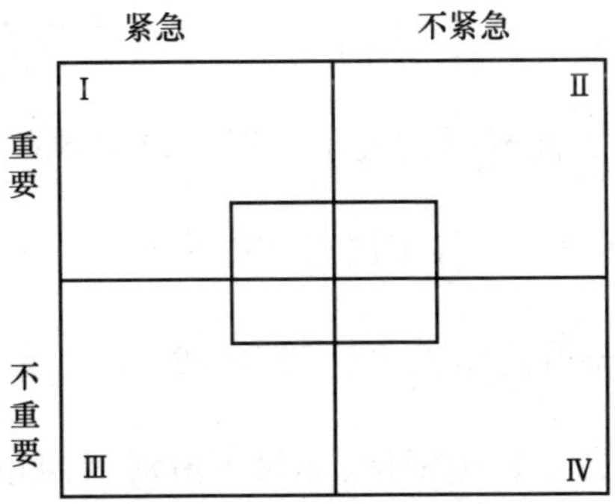

图 3-5　时间管理四象限

在这个四象限中，第一象限就是重要又紧急的事情；第二象限是重要不紧急的事情；第三象限是紧急不重要的事情；第四象限是既不重要又不紧急的事情。

身为一个管理干部，不管是基层、中层还是高层，我们最需要关注的是第几象限的工作？如果你只关注第一象限的事情，叫作“救火队长”，优秀的消防队员，你做的事情就是整天抱着灭火器，到处在灭火。最先处理的是第一类，但最需要关注的是第二类。第二类往往会腐蚀掉，第一类不会腐蚀的，有火烧起来，每个人都会去救火，但是第二类产生救火的原因很多人就不去找。

第二象限要做的事情：一是准备工作、计划工作。急了，计划都不做了，急急忙忙就去做，做了一半才发现错了，也就是说先开枪再瞄准，瞄准都没瞄准，一枪打过去飞到很远的地方，所以一定要先做计划。没准备好的工作，宁可晚一点做。一定要准备好再做，没准备好就花一点时间来准备。二是预防措施。其实一般的情况下救火，最多是前面三分钟，过了三分钟就逃命，叫消防车来收尸，防火比救火要重要得多。如果防火就不用救火了。三是价值观的澄清。告诉工人他在为自己工作。好好干，干好了以后可以多挣钱，可以多学东西多进步。他知道了以后跟不知道是相差很远的，“我要干”跟“要我干”是不一样的。所以，这个问题要慢慢澄清，如果不澄清，后面好多问题都会发生。

时间管理四象限法无论对员工还是领导者来说，都是一个很好提升效率的方法。现在你可以尝试一下，按时间管理四象限法制定下周的工作计划，改变一个人的习惯只需要21天，拿出21天的时间来应用、检测你对四象限法则的运用程度。在运用时间管理四象限法则时，我们要清楚地知道，在四个象限中我们最应该投资的就是第二象限。事实上我们很难把时间、精力投入到第二象限中。第二象限并不能很快地体现出它的价值，它需要一个长时间的验证，量的积累、质的飞跃。在应用过程中你就会发现执行效率明显提高！

计划的事前、事中、事后管理

计划管理按其特性定位，可划分为三个阶段，即“事前、事中、事后”管理。在计划执行的事前、事中、事后整个过程中，管理上会遇到许多不确定因素，因此需要对全程进行“动态管控”，即事前的规划目标、事中的过程监控、事后的结果评价，并以此为依据严格按照实施。这样，通过目标规划、过程监控、结果评价紧密整合，就形成了一套全面科学的管控体系。如图3-6所示。

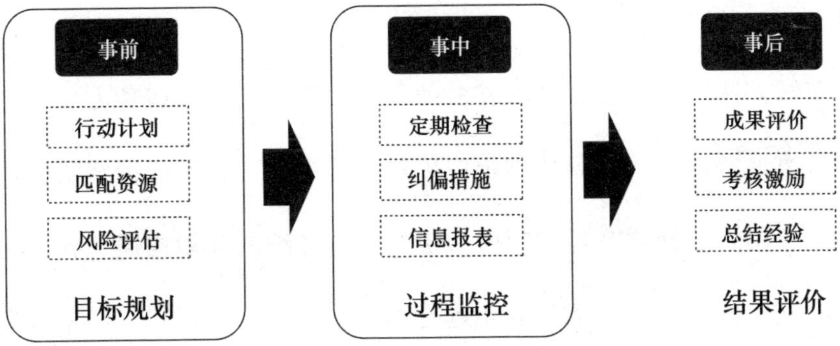

图3-6　计划管理的事前、事中、事后管理

1.事前管理：制定目标计划，相关信息确认

“事前”控制主要是对“计划”的审核。企业依据各项基础性条件，编制各项、各类企业经营活动计划书，对计划书的可行性、可靠性形成审核体系，保证审核效果，从而确保计划的可行、可靠。

“事前”控制主要内容包括制定合理的目标计划和严审相关信息：

合理规划是控制的依据，计划制定合理则进度控制成功了一半，计划制定的不合理则进度控制失败的风险增大数倍。其操作过程为：项目发展部门根据市场情况制定项目开发计划；项目开发计划经有关部门批准后销售部门制定销售计划，工程部根据开发计划和销售计划、国家标准、场地情况、待建情况、施工队施工能力等拟定项目计划，两部门在计划中必须详细列明需要其他部门配合的阶段及要求，经确认后其他部门以此为依据制定各自计划，同样需要在与其他部门交叉的阶段重点标注，最后由总经理召开项目协调会，经协调调整最终确认。

当然，计划制定过程可以有多种方式，但不论采用何种方式均应注意三方面：第一，计划的制定应以项目为中心，各部门围绕项目进行计划；第二，计划制定过程中一定要进行详细的计划沟通，在部门之间有交叉的地方相关部门需要进行确认；第三，计划制定需要得到各个部门的重视，可以考虑将计划制定作为部门的重要业绩考核依据之一。如果你想工作安排得更好，首先最重要的是先问问自己“我的目标是什么？”因为你是一个团队的管理者，首先应当想到的必须是这个团队的目标。其次，您要问问自己，怎么实现目标？可行的方案是什么？需要什么条件？这些就是计划的“事前管理”。如表3-10所示。

表3-10　事前工作任务布置表

类　别	要　素	主要内容
目标	1.目标是什么？	详细地把目标描述清楚
	2.达到何程度？	达到的数量、质量、成本要求

续表

类　别	要　素	主要内容
计划	3.谁去办？	明确负责人和配合人
	4.何时完成？	完成的期限、具体计划表
	5.怎么办？	为了完成目标，采用哪些措施、方法
	6.如何确保完成？	完成目标所需的资源支持，包括人、财、物的支持
评价	7.是否达成了目标？	对完成成果的 认定、评价与对于达到目标，按时完成的，给予精神或特质上的奖励，以鼓舞士气
	8.如何对待完成和未完成的情况？	对于未达成目标的，进行总结改善

2.事中管理：制订有效措施，确保计划达成

“事中”控制主要是对“计划”执行体系工作效率的管理。对计划执行过程中出现的各类偏差，首先要做到超前预测，其次是做到措施有效，对执行效果的跟踪是“事中”管理的主要工作，从而确保计划执行的效率。

“事中”控制主要通过对计划执行系统的检查、业绩辅导、过程控制来保证计划的有效落实。“事中”控制最重要的是检查，对于员工来说，领导检查什么，员工就重视什么，通过对计划执行系统的检查、业绩辅导、过程控制来保证计划的有效落实。如表3-11所示。

表3-11　具体的检查内容

类　别	检查内容
1.进度检查	目标是否按计划进度在实施？ 计划有无滞后的情况？ 是何原因导致计划滞后？
2.质量检查	现场质量是否符合作为标准？ 是否能达到交付质量标准？
3.均衡检查	检查各项目标是否均衡地进行？ 有无进度相差较大的事项？ 有没有被忽视、遗漏的计划或者事项？
4.协作检查	检查部门之间是否交好地配合？ 员工之间是否较好地配合？ 各部门、员工之间信息是否一致、交圈？
5.对策检查	检查是否按对策展开的要求做到人员、时间、数量、质量的落实？ 对难点问题是否有针对性措施？ 对于问题是否真实、及时地反映？

计划为控制提供了标准和依据。在计划中设立目标，而在控制过程中，将实际的结果与计划进行比较，对完成的进度进行检查，对开始情况、完成情况进行分析，有没有发生偏差以及偏差产生的原因，并采取针对性的纠偏措施，确保计划目标的实现。如表3-12所示。

表3-12　纠偏措施

序号	计划事项	原计划完成时间	偏差原因	具体纠偏措施	所需资源与配合事项
1					
2					
3					

续表

序号	计划事项	原计划完成时间	偏差原因	具体纠偏措施	所需资源与配合事项
4					
5					

3. 事后控制：认定完成成果，总结经验教训

“事后”控制主要是对“计划”实施完毕后的绩效考核、总结经验、吸取教训、汇编材料、归档备案。这是“事后”管理的主要工作内容之一。关注结果，反省总结，持续改进，通过对执行结果的评价、考核、激励来激发员工积极性、主动性，形成良性竞争机制。

“事后”控制有时会遇到这样几种情况：

一是计划变更。一般由施工因素和施工之外的因素引起，施工因素指项目施工造成的项目进度出现大的变化需要变更进度计划，施工之外的因素主要由于其他部门的进度不能跟上，从而影响施工或因开发计划发生变化则项目计划需要做相应改变。不管何种计划变更，其处理都应是及时与相关部门取得联系，最好是组织召开计划变更协调会，将计划变更的影响降到最低。相关部门应做出计划变更的原因分析总结，为以后工作的改进提供建议。

二是进度超期。不少项目部发生超期后便“埋头苦干”，争取将进度追回来，导致的结果往往是增大成本和降低质量要求，加大后续

服务难度。据此，在进度超期实际发生之后，首先，应告知领导及其他相关部门，而不是隐瞒；其次，决定是否需要变更计划，如变更计划采取前述处理；再次，分析总结，形成书面材料；最后，追究有关责任。

三是计划考核。对照当初的计划，按年度对相关责任单位或责任人所负责的节点完成情况进行考核。按照不同节点对应的分值，例如每个一级节点15分，二级节点10分，三级节点5分，与个人的年度绩效考核挂钩。计划考核要有权威性和严肃性，在计划执行中奖优罚劣、奖勤罚懒。还要推行第一责任人制度，在计划管理上要求每一项计划都有一个责任人，责任人明确机制保证了项目开发各环节有人盯、有人操心，也让绩效考核更有针对性。在考核方式上，除了对延误关键节点计划的第一责任人、直接责任人进行处罚之外，自下而上的连带奖罚是天泰奖罚制度的震慑性和严肃性所在。

计划执行过程中的预警及纠偏机制

完美的项目执行，需要可靠的预警机制和纠偏机制，预警旨在预防，一旦发现问题则可以纠偏、预警和纠偏，一个都不能少。下面我们就来具体看看。

1.前置机制：条件提前实施，信息充分交圈

为了确保计划的快速执行，提前启动计划、将相关工作提前启动实施不失为一种好的方法。工作前置是一种工作方式，工作提前开展，并未因前置而多做了什么，但对于后续计划的进展，会显得更加从容。与前置相反的是后置，工作后置就会显得被动，或者到时间了再正式启动工作，一旦计划与预计的产生偏差，会让员工措手不及。

在计划未正式开始前，把实施计划的相关策划、风险评估、跨部门沟通、资源准备等事项提前开展，比如设计、招标采购、人员招聘到岗等工作在计划正式开始前就启动，做到“前紧后松”，让计划有充分的实施工期，预留相关的时间，以应对突发情况发生。另外，在实施计划过程当中，还要明确完成该项计划的前置条件是什么，只有前置条件工作完成，才能确保计划的实现。在工作中往往出现每个部门只关注自己部门的计划，而忽略了计划相关的前置条件是需要其他部门配合才能完成的，例如，到了年底销售部门为了完成业绩，好不容易找到成交的客户，但销售合同却因法务条款的问题，合同迟迟签不了，导致客户无法付款，影响业绩目标。

目前在房地产行业，工作前置的方法得到普遍应用。例如，祥生公司提出了“四前置”理念，祥生每到一座城市都必须实现：融资前置、采招前置、团队前置、设计前置，缺一不可。在工作前置的情况下，项目拿下来能快速地开工、开盘，在其新进的城市能够做到三个月内

开工，六个月内开盘，首开卖掉70%，十个月现金流回正。中南置业也提出“六先六快”的策略，“六先”即“先获取土地信息、先开展第三方独立调研、先开始规划设计、先对设计及施工单位进行招投标、先和政府谈判，确保托底、先找合作伙伴，明确共同开发主体”；“六快”即“快速匹配人力资源、快速完成规划报批、快速完成四证办理、快速实现开工建设、快速实现银行融资、快速销售回款”，以目标为导向全面关注“利润、回款、质量、成本、进度”，通过控制阶段性工作把控项目周期，实现了高周转、快回流的开发节奏，提升了整体的运营效率。

2.预警机制：预警旨在预防，以防患于未然

预警旨在预防，把预防措施做足做好，防患于未然，将对项目执行起到非常重要而且关键的作用。项目预警机制注重前端控制，比如，项目启动时间即是技术准备启动时间，所以技术准备的预警，应该放在技术准备完成并交付前；采购进度预警时间，要放在下采购订单前和交货前，而不是交货时间；生产进度预警时间，要放在零部件生产时间前和交货前等。

一般来说，预警机制主要针对的是技术准备周期、采购周期、生产周期这3个方面的长周期的管理，并建立针对管理过程中的具体责

任部门和责任人的动态预警机制。比如某企业的项目计划的动态预警机制，如表3-13所示。

表3-13　某企业的项目计划的动态预警机制

序　号	滞后天数	预警方式	具体措施
1	滞后20天以上	红色预警	专项计划汇报
2	滞后10天以上	黄色预警	提交纠偏措施
3	滞后5天以上	橙色预警	书面警告
4	无滞后	绿色	无

3. 纠偏机制：查找问题原因，制定改善措施

纠偏机制指对一项有目标和行动计划的活动，在实施过程中的实际状况进行检查评估，验证实施行为与结果同原定计划的吻合程度，同时预测原预定目标的可达成度，对出现的偏差和问题查找原因，制定措施并组织实施的一种制度体系。主要由监控对象、纠偏主体、组织机构、制度体系共同组成。

纠偏机制的要求，如表3-14所示。

表3-14　纠偏机制的要求

事　项	内　容
保障执行	纠偏机制要有充分的执行动力，每个主体按规范自觉履行自己的岗位职责，对属于自己监控的关键点，实施检查监督，并定期出具有关报表。主体不作为，履职不到位，会被系统马上暴露
错误跟踪	某一环节出现问题，可以迅速找到根源及责任人，不发生拖延和不能定位现象

续表

事　项	内　容
措施及时	问题一发生，即启动相关的分析程序，找到产生问题的根本原因，并根据情形明确可能采取的一系列措施——分修订、补救、预防三种类型
分层决策	根据问题的性质，明确决策层次，保障决策迅速而准确，要在第一时间解决问题
定期分析	要制定有严格规范的定期、分段分析评估流程，不断进行工作的评估分析并进行再改进，以保障活动按计划顺利开展，最终有效达成预定目标

第四章

高效执行：以终为始，打造高效团队

高效执行就是对于团队布置的任务，没有借口，坚决完成；在规章制度面前，不搞变通，不打折扣，说到做到，做就做好，言必行，行必果。为此，需要团队管理者和全体团队成员齐心协力，双管齐下：一方面，团队管理者要针对团队执行力差的情况认真分析并采取相应的解决方法；另一方面，员工自身也要注重执行力提升的自我修炼。只有这样，才能打造一支高效团队。

沃尔玛的七大执行原则

沃尔玛之所以长期位居世界五百强第一，是因为该公司有卓有成效的管理秘诀。在这之中，沃尔玛七大执行原则发挥了“高效执行”的重要作用。这对许多企业来说，不无学习借鉴意义。如图4-1所示。

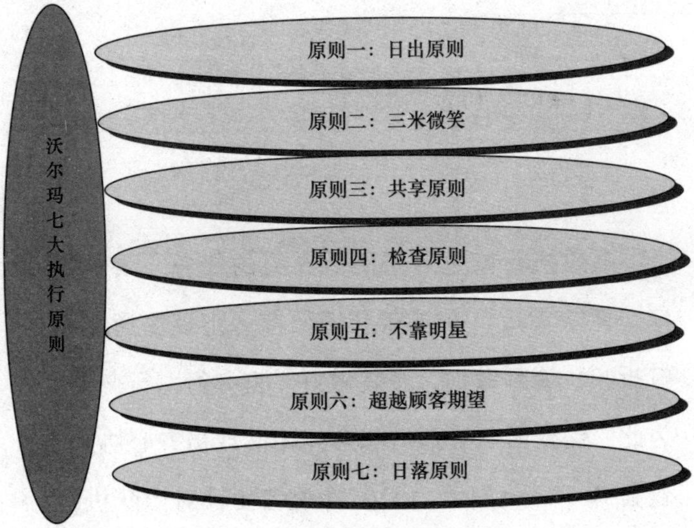

图4-1 沃尔玛七大执行原则

1.沃尔玛七大执行原则

山姆·沃尔顿是沃尔玛公司的创始人，外界评价他是一个热情、乐观、具有良好品质的人。他不仅对自己的工作倾注了全部的热情，

“许多人认为沃尔玛是一夜暴富，我们自己知道，为实现这一目标我们已经奋斗了20年！”他还把这股热情传染给他的20万职工。于是，沃尔玛公司从上至下都洋溢着积极向上的精神。当顾客走进沃尔玛商场时，会得到亲切的问候和满意的服务。在职员问候完新到的顾客后，通常还会热情地加上一句：“感谢您的耐心，很快将会有人过来为您服务。”沃尔玛商场洋溢的这种热情得到了回报，今天，沃尔玛商场已在美国零售商中排名第一。山姆·沃尔顿也由此而获得了巨大的成功。

斯人已逝，商道长存。沃尔玛一直不遗余力地践行七大执行原则，鲜明地反映了创始人山姆·沃尔顿的执行理念，如表4-1所示。

表4-1　沃尔玛七大执行原则及理念与表现

原　则	理念内涵	践　行
日出原则	口号所标榜的观念和思想要在日常工作中得到贯彻和落实，一直坚持，潜移默化，久而久之就会形成一种良好习惯	沃尔玛员工每天早晨都要在所在的大楼前、营业厅前集体高呼沃尔玛的口号，如“我们就是——沃尔玛；天天平价——沃尔玛；顾客第一——沃尔玛；沃尔玛！沃尔玛！沃尔玛！向前进！”
三米微笑	尊重顾客，将顾客当作上帝	每当员工在三米以内的距离遇到一位顾客，都要微笑地看着顾客眼睛与其打招呼，同时询问顾客：“我能为你做些什么？”

续表

原　则	理念内涵	践　行
共享原则	领导应明白一个道理：想让店员照顾好顾客，领导首先要照顾好店里的员工	“如果希望员工照顾好顾客，那你就必须照顾好我们的员工”。这个原理其实很简单，只有员工的心情舒畅，他们才会把这种情绪传染给顾客。否则，即便脸上的笑容看上去有多灿烂，也不会让顾客感受到这种情绪，甚至会被那种造作的“假笑”吓跑！在具体措施上，沃尔玛则通过推行员工持股计划、损耗奖励计划、利润分项计划等手段，形成公司—员工的利益共同体，来激励员工对顾客做出“恰如其分”的回应
检查原则	信任是一回事，检查又是另外一回事，两者并不矛盾。检查是制度系统，可以帮助人们克服人性中的弱点，帮你改正所犯的错误	沃尔玛管理风格被称为“让员工筋疲力尽的管理”和“仔细检查式的管理”。沃尔玛的领导者经常到第一线检查工作状况，而山姆·沃尔顿也说：“你必须让人们有责任感，你必须信任他们，然后你还必须对他们进行检查。”
不靠明星	沃尔玛靠不依赖于明星员工的制度来保证有力的执行。这样做可以增加员工的融洽，提高公平感和成就感，同时，有效降低人力成本	山姆·沃尔顿说：“在沃尔玛没有超级明星。我们是一个由实现超过预期目标的普通人组成的公司。”沃尔玛是通过每个普通员工的努力来实现世界第一的一家公司。沃尔玛CEO格拉斯也说，“在沃尔玛没有超级明星。我们是一个由实现超过预期目标的普通人组成的公司。”

续表

原　则	理念内涵	践　行
超越顾客的期望	服务态度、服务质量直接影响着顾客的满意度，决定着回头客的多少。沃尔玛始终强调商品要满足顾客的要求；同时，盛情服务，顾客就会一再光临	沃尔玛每天都会收到许多顾客来信，表扬沃尔玛员工所做的杰出服务。在这些来信中，有些顾客为沃尔玛员工对他们的一个微笑、或记着他们的名字、或帮助他们完成了一次购物而表示谢意；还有一些为沃尔玛员工在某些突发事件中所表现出的英勇行为而感动
日落原则	想顾客之所想、急顾客之所急	无论是楼下打来的电话，还是其他地方的申请要求，每个请求都应该当天答复

2. 沃尔玛执行文化的启示意义

沃尔玛公司基于山姆·沃尔顿执行力“基因”所形成的高效执行力文化，对现代企业管理具有重要的启示意义，如表4-2所示。

表4-2　沃尔玛执行文化的启示意义

事　项	文化内涵	启示意义
尊重个人	在沃尔玛，经理被看作“公仆领导”，通过培训、表扬及建设性意见帮助新的同事认识、发掘自己的潜能。使用“开放式”的管理哲学在开放的气氛中鼓励同事多提问题、多关心公司。领导是公仆，实行开放式的办公系统，每天晨会和晚上总结交流，平等交流	沃尔玛的这种理念极其符合现代商业规律。对于现今的企业来说，竞争其实就是人才的竞争，人才来源于企业的员工。作为企业管理者只有提供更好的平台，员工才会愿意为企业奉献更多的力量。上级很好地为下级服务，下级才能很好地对上级负责。员工好了，公司才能发展好。企业就是一个磁场，企业管理者与员工只有互相吸引才能凝聚出更大的能量

续表

事　项	文化内涵	启示意义
服务顾客	“日落原则”要求当天提出的问题必须在当天予以答复；“日出欢呼”表示对顾客的一种承诺，表示要精力充沛地迎接他们；“三米微笑”体现了对顾客的高度热情；“共享原则”激励员工对顾客的要求做出回应……这些服务顾客的做法都反映了沃尔玛“顾客就是上帝”的理念	现代企业应从沃尔玛公司的服务理念中借鉴经验，视顾客为上帝，用真诚传递温暖，用爱心展现和谐，用助人为乐、无私奉献的精神让顾客感受消费带来的温馨体验，通过为顾客排忧解难，把关爱和温暖传递给社会

团队执行力差的原因及解决方法

企业的成功，40%靠战略，60%靠执行力。团队执行力差，大部分管理者都认为是员工能力和态度的问题。事实上，真正要对“执行力”负主要责任的是任命工作的团队管理者，因为执行力问题，归根到底是选人和用人的问题。

团队执行力差，在员工身上主要表现为“不知道干什么”“不知道怎么干”“干起来不顺畅”“干好干坏无奖惩”，如图4–2所示。

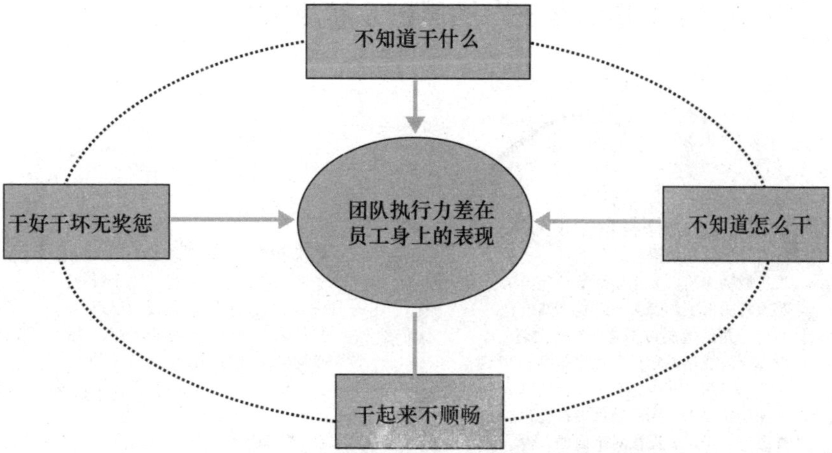

图 4-2　团队执行力差在员工身上的表现

对于“不知道干什么”“不知道怎么干”“干起来不顺畅”“干好干坏无奖惩”，其原因与解决方法如图 4-3、图 4-4、图 4-5、图 4-6 所示。

1.“不知道干什么”的原因及解决方法

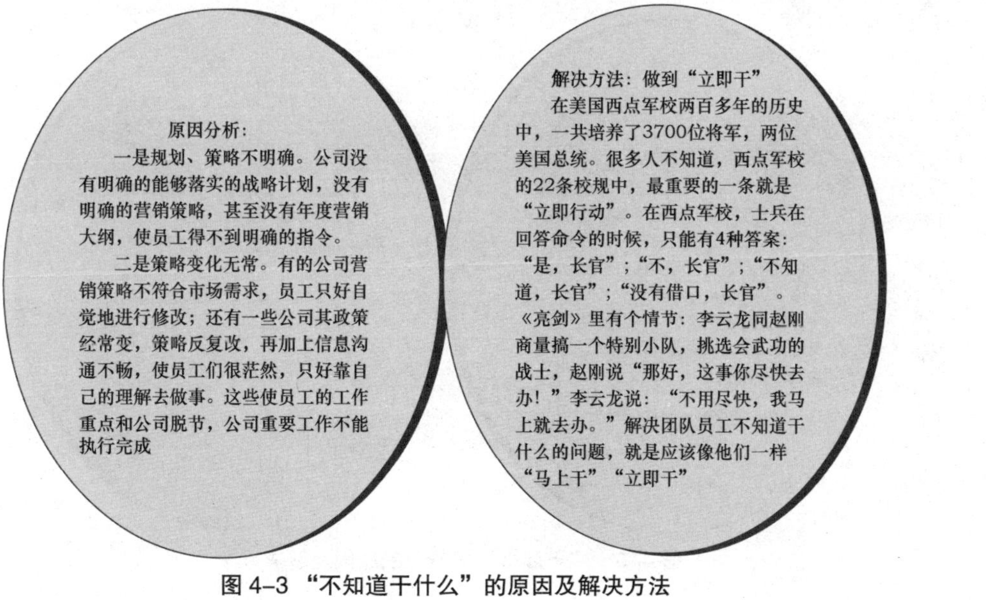

图 4-3 “不知道干什么”的原因及解决方法

2.“不知道怎么干”的原因及解决方法

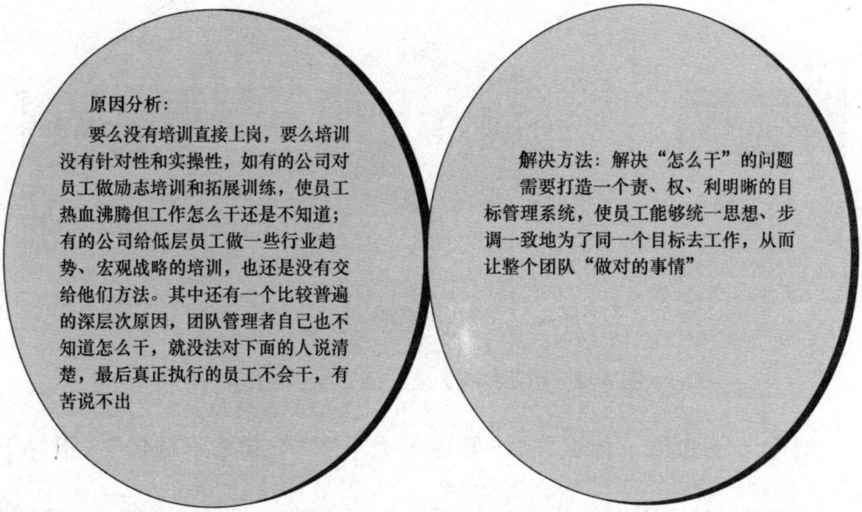

图 4–4　“不知道怎么干”的原因及解决方法

3.“干起来不顺畅”的原因及解决方法

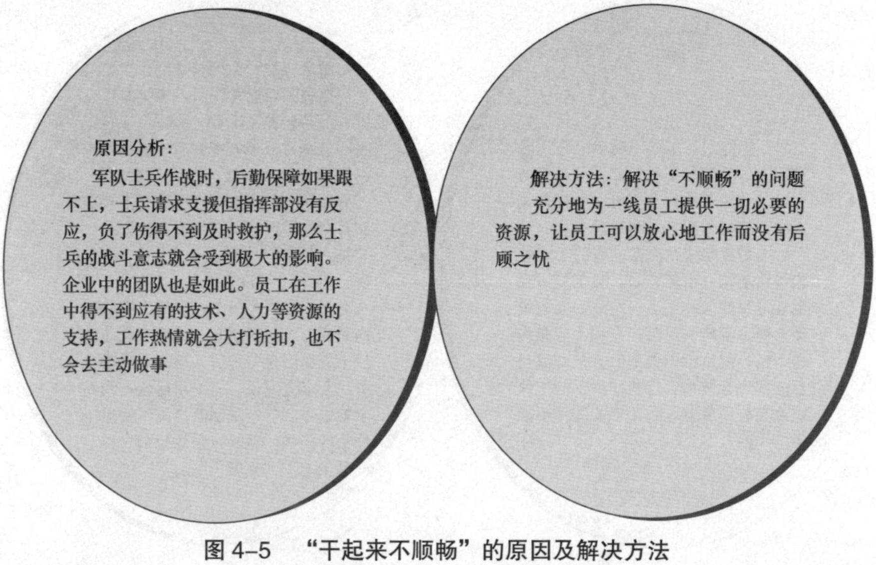

图 4–5　“干起来不顺畅”的原因及解决方法

4.“干好干坏无奖惩”的原因及解决方法

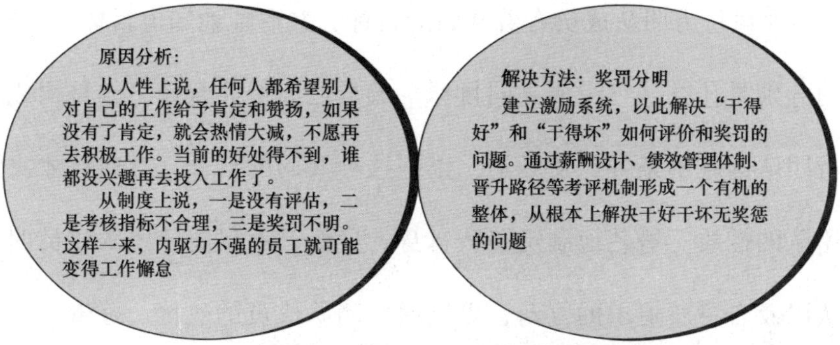

图 4-6　“干好干坏无奖惩”的原因及解决方法

高效执行力组织的显著特征

企业中的高效执行力团队，是指发展目标清晰、完成任务前后对比效果显著增加，工作效率相对于一般团队更高的组织。高效执行力团队组织具有以下几个显著特征，图 4-7 所示。

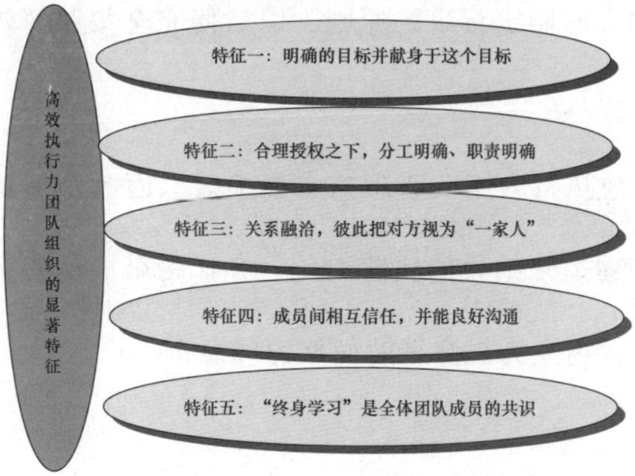

图 4-7　高效执行力团队组织的显著特征

1. 特征一：明确的目标并献身于这个目标

高效执行力团队成员有着共同的目标，并清晰地知道目标、方向、原则分别是什么，为完成共同目标，成员之间彼此合作，这是构成和维持团队的基本条件。实际上，正是这种共同的目标、方向，才决定了团队的性质。清楚地制定团队自身的目标，不仅能使团队成员明白团队以及自身所追求的方向，更能激发团队成员的热情、好奇心、活力和创造力。应该说，目标使得团队的存在有了价值；而明确的目标则是高效执行力团队最为显著的特征。

在团队管理中，管理者的首要任务就是在任何行动前先确定目标、方向。这样不但能使不同角色的团队成员有完全一致的目标，更重要的是使团队有前进的动力。这正是高效执行力团队的不同之处。

管理者在团队行动前总能经过周密的调研，确定要达到的目标，并坚信这一目标对团队来说具有重大的意义和价值。然后，通过这个目标所指引的方向制定行事的原则，以后便完全按照绩效来考量，以确定目标的实现。

同时，高效执行力团队管理追求高绩效，因此管理者要与团队成员一起不断创建追求绩效的团队文化，并让每个成员的头脑中都有一个绩效的概念，树立为提高绩效而努力的意识。

2. 特征二：合理授权之下，分工明确、职责明确

合理授权体现在两个方面：一是团队在企业中地位提升，自我决定权也在提高，支配权很大；二是团队成员已经感觉到拥有了某些方面的支配权。因此，在授权给员工的时候，同时需要注意，将合理的规则、程序和限制同时交给他；成员有权获得必要的技能和资源，知道该怎样在指定的范围内做事；在政策和做法上能够支持团队的目标。

这样的合理授权，才能赋能团队，而这样的团队，每个成员的岗位分工是明确的，工作职责范围的划分是明确的，并且有严格的工作流程。由此体现出了高效执行力团队的一个显著特征。

微软就是一家分工明确的公司。微软的产品是专业性很强的电脑软件，需要知识积累和不断创新，并要求不能出错。因此，公司需要的文化并非一团和气的温暖，而是平等又充满争论的团队文化，在思想的交锋中产生创新的火花，在不同视角的争辩中创造最独特完美的产品。

微软的项目小组是“三足鼎立”结构，即包括软件设计员、编程员、测试员这3种人员，他们互相之间彼此查不足，不足检查得越多，最后的产品就可能越完善。由于分工明确，而且每个人都无法被他人替代，因此彼此都互相尊重，同时敢于提出自己的不同见解，最后则是大家都有明确的共同目标：让产品按时并高质量地完成。

3. 特征三：关系融洽，彼此把对方视为“一家人”

高效执行力团队成员肯公开而且诚实表达自己的想法，哪怕是负面的想法，同时也会表示温情、了解与接受别人，相互间的关系融洽。在团队成员之间的关系上，团队成员彼此把对方视为“一家人”，都是团队的一分子，相互依存，同舟共济，肝胆相照，荣辱与共。成员之间在互动过程中逐渐形成了一系列的行为规范，一方面，他们和谐相处，充满凝聚力；另一方面，他们又彼此促进，为了团队的成功他们常指出对方的缺点及进行对事不对人的争执，其终极目标是为了促成更好的合作，追求团队的整体绩效与和谐。

宜家家居是世界上品牌知名度最高的公司之一，公司的团队以家具的品类来分，比如办公家具部、厨房用品部、地毯部、沙发部等。为了鼓励团队成员间的高度融合和协作，公司并不给每个员工明确的岗位说明，相反，他们要求团队成员自己商榷讨论决定谁负责什么，整个团队该如何运作最为有效等，然后照此执行。

团队的领导人也没有特殊的头衔，与他人平等，主要起协调沟通的作用，理顺团队并让每个人都能充满乐趣地工作。因为每个人都能胜任他人的工作，所以团队的管理关键在于队员之间的互相磨合和默契，在于创造积极向上的、彼此信任和喜欢的团队气氛。这样在任何人忙不过来的时候，暂时有空闲的人就会主动帮助，让顾客得到良好满意的服务。这样的正向循环使公司的气氛越来越好。

4. 特征四：成员间相互信任，并能良好沟通

成员间相互信任是高效执行力团队的显著特征，就是说，每个成员对其他人的行为能力都深信不疑。同时，团队成员都能感受到别人的赞赏和支持。信任需要花大量的时间去培养而又很容易被破坏，而且只有信任他人才能换来被他人的信任。所以，团队管理者都对此非常重视，致力于维持群体内的相互信任。

信任有助于沟通，沟通促进信任。高效执行力团队成员通过畅通的渠道交换信息，包括各种言语和非言语信息。此外，管理层与团队成员之间健康的信息反馈也是良好沟通的重要特征，有助于管理者知道团队成员的行动，消除误解。就像一对已经共同生活多年，感情深厚的夫妇那样，高效团队中的成员能迅速准确地了解一致的想法和情感。

5. 特征五："终身学习"是全体团队成员的共识

在高效执行力团队中，"终身学习""学习、学习、再学习"是全体团队成员的共识。团队中人人都是学生，虽然在学习型团队中团队管理者扮演着老师的角色，但他同时也是学生的角色。在学习型团队中，每一位成员都是先做学生、再做老师，大家互帮互学，没有严格

的师生之分。“知之为知之，不知为不知”，大家互相帮助，互相提高，共同进步。

实践是学习的基础，毫无疑问，通过学习获得并提高工作技能，是高效执行力团队学习的一个主要内容和目的。团队成员往往能从实践中总结，总结中实践，通过学习来提升自己。在这种学习型团队中，团队成员之间关系融洽，大家经常在一起探求新知，通过交流与沟通，各人倾其所能，贡献自己所学的新知识、新技能，大家相互取长补短。每个人都可以各展所长，成为老师；反过来，他也同时虚心学习别人的长处，成为其他成员的学生或听众，互通有无，取长补短。

除了上述这些显著特征，高效执行力团队还士气高涨，每个人都乐于作为团队中的一员，都很有信心，而且士气高昂。高效执行力团队还能够互补的相关的技能，团队成员具备实现理想目标所必需的技术和能力，而且相互之间能够良好合作的个性品质，从而出色完成任务。

提高执行力五步法

有一个被美国某商学院搬进MBA课堂的寓言说，一群老鼠，深为一只凶狠无比、善于捕鼠的猫所苦。于是，老鼠们齐聚一堂，商讨如何解决这只讨厌的猫。有只老鼠的提议立刻引来满场的叫好声，它建议在猫的身上挂个铃铛。在一片叫好声中，有只老鼠突然问道："谁来挂铃铛？"

这则寓言告诉我们：当企业的战略方向已经或基本确定，这时候执行力就变得最为关键。许多企业的失败不是战略的问题，而是战略执行的问题！再好的战略，如果不去执行，也只是空谈！

那么，如何提高执行力？运用"五步法"就能有效提升执行力。如图4-8所示。

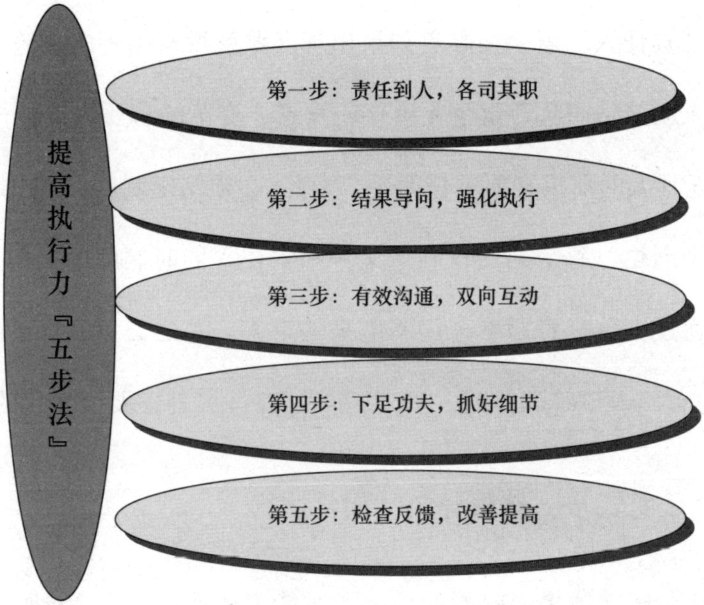

图4-8　提高执行力"五步法"

1.第一步：责任到人，各司其职

执行力对于执行者个人来讲，说到底就是一种以尽职尽责的执着行动，把决策转化为结果的能力、毅力和效力。所以，提高执行力，无疑必须强化对决策加以执行的责任感。如果团队所有成员都能以强烈的责任感来各司其职、各尽其责、紧密协同，把决策一步一步落实到位，那么团队的执行力就会大大提高。执行力源于责任心，责任心决定执行力。强化责任感，是提高执行力的必然要求和根本所在。

要强化责任感，就必须责任到人。责任到人是任何工作开展的前提，没有“责任人”，就会面临着如果出现问题就没有担责的尴尬。所以，责任到人应该是团队乃至企业生存、发展、变革的重要因素。

责任到人的前提是要责任明确。为此，必须制定制度，分工要明细，确定每个岗位、每个人的权利、义务和责任，同时制度的奖罚条款要分明。通过完善规章制度，用制度来约束人。总之必须有详细的工作制度，完善的人事管理体制，严格的落实机制，另外还要人性化的管理。

2.第二步：结果导向，强化执行

只有在确立结果导向的基础上，才能强化执行力。为此，首先要树立“结果”意识。所谓结果，就是团队成员对自己肩负的职责与任务在限定的时间内完成并起到实质性的效果。

所谓执行力，指的是贯彻战略意图，完成预定目标的操作能力，是把单位战略、规划转化成为效益、成果的关键。从两者的定义中，我们可以看出，在对于执行的管理过程中，永远都要锁定“结果”这个目标，而不是完成“任务”这个程序，完成任务并不代表完全达到结果的要求。其次，在具体管理实践中，要大力倡导“结果指导过程”的管理理念，积极营造“对结果负责”“结果高于一切”的管理氛围，并让全体团队成员知晓“强大的执行力是最好结果的核心”。

必须注意的是，在执行前，对“结果”的定义一定要清晰。团队管理者如果不进行深入调查，不认真学习，不进行周密思考，光凭一时心血来潮、头脑发热，想怎么样就怎么样，那只能是瞎指挥了。

决策要的是科学性与正确性，要的是周到、严密、细致。作为团队管理者要经常思考：事情可不可以做，怎么做，谁来做，做了以后应该怎么样？通过学习和调研，还要制定清晰的目标和实现目标的进度计划表，要把各项任务按轻、重、缓、急，列出进度计划表，层层落实，责任到人，在具体部署的基础上，突出重点。

3.第三步：有效沟通，双向互动

人类的语言表达是人们对现实世界某个场景的信息压缩编码，每一个人都是编码人，而每个人同时也是解码人。在解码过程中，对于信息会有无数种不同的曲解，这种曲解在企业和各种场景的沟通过程中会产生误解，很多棘手问题的产生，都是因为编码、解码的局限性造成了认知偏差。如图4-9所示。

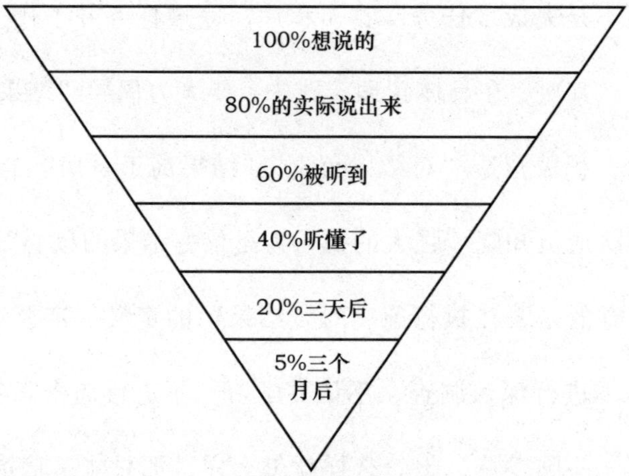

图4-9　沟通漏斗模型

比如，许多管理者在沟通的时候，总会在某些话的后面，加上一句“你懂我的意思吧？”似乎是通过追问以及看到下属们点头称“是”，下属们就真的听懂了、理解了。实际上，这不过是管理者的自我安慰。因为有太多的下属们早被训练成了点头称“是”的“机械人”，他们是不懂装懂，或怕说“不懂”挨罚。

正确的编码和解码，才是良性的双向互动，也才是有效沟通。那么，怎样做到正确地编码和解码？下面是一些行之有效的方法，表4-3所示。

表4-3　有效沟通的方法

方　法	操作要领
清楚要点	每一个计划与指令都是有其要点的，我们要在与团队成员的沟通前清楚这些要点，并在沟通中把要点讲清楚。比如终端包装，就是要讲清楚终端怎么包装，以及终端包装达成率、终端包装费率等相应的执行要点和配套的考评标准等。这些要点显然需要在沟通中讲清楚
选择性沟通	时间、地点、人物、事项是沟通过程中的四个重点。既然要如我们在前面所讨论的一样，让一些人听懂和执行他们能听懂的40%、能执行的20%，事前就要明白这需要听懂和执行的是哪些事项和哪些人。在此基础上，再选择合适的时间和环境进行沟通，以让执行者听了就执行而不是慢慢遗忘，以让执行者在一个较少干扰的环境下能更好地听懂及理解我们的指令
形式多样反复沟通	集体沟通、分众沟通、会议沟通，以及语音、邮件、书信、文件沟通等都是可以选择和组合的沟通形式。一些管理者经常认为已经说过了，就不需要更多的交流了。其实，以各种形式进行的反复交流更有利于达成统一的理解，并且指示和计划的重点已加深到团队成员的心中。还有一些管理者认为会议已经说过了，就不需要单独交流了。其实，每个团队成员的理解、知识、技能、对问题敏感的意识，甚至是实施环境和执行条件都有很大的不同，这些差异是执行能力差异的重要原因。而以各种形式进行的反复交流，则可以有效克服这些沟通障碍
节点沟通	每一项执行计划及指令，都存在它的关键时间节点，以及影响执行成效及成败的关键绩效点，就这些节点及关键点，管理者们需要强化管控，其中非常重要的一点就是强化在这些节点及关键点上的沟通。比如，在一个时间节点快来临时，向团队成员强调重点，沟通进度、梳理困扰，给予一定的答疑解惑及其相关支持；在关键点上，沟通执行过程及问题，掌握进度，强调标准与要求。当然，面对一个规模性的团队，以及自己团队中的每一位成员，这些事并不一定需要管理者自己来完成，并有一系列的辅助性管控措施可以帮助跟进

4. 第四步：下足功夫，抓好细节

成败关键在执行，在细节上下功夫，提升执行力，注意细节，量化细节标准是关键。因此，必须紧紧扭住“细节”不放松，要细致入微地思考。凡事“预则立，不预则废”，只有深思熟虑、精心谋划，才能确保工作不出纰漏。具体来说，一要抓思路，二要抓落实。

抓思路需要细致入微地思考，没有思考就没有思路，没有思路也就不可能精细，要把工作做细、做实，必须培养精益求精的工作作风。第一，工作标准要高，要追求卓越，永不满足。第二，工作要求要严，不拖沓马虎，不敷衍塞责，要把小事当大事，把“易事”当“难事”，以点点滴滴、方方面面的细节，认认真真地干好工作。第三，工作姿态要高，要以积极、主动、向上的精神状态，勇于向强者学习，敢与先进人物、优秀分子争速度、比细节、比成绩，自我加压，勇于突破。

细节需要抓落实，不抓落实，细节没有任何意义。作风漂浮，不求实效，习惯于做表面文章，既不可能体现出细节，也不可能抓好落实。要树立追求“100%细节、100%落实、100%效果”的工作理念，通过对工作任务的细化分解，将责任分解到岗位、分解到人头，并一件一件地抓好落实，一步一个脚印地向前推进，坚持一抓到底，不达目的决不罢休，确保“细节不打折，落实不打折，效果不打折”。

5.第五步：检查反馈，改善提高

管理的一个重要内容是将检查反馈机制贯彻于工作全程。在具体的管理过程中，要实施常态化的检查反馈机制，并不妨采取周点评制度。各部门根据工作方案、依据各自工作职能，遵循检查→公布→整改→跟踪→反馈的程序，对常规管理工作进行督查，并予以通报，不搞形式主义，这将使督查力度上向前迈进一大步。

在检查反馈时发现问题，可以采取理解需求、管理压力、激发意愿、引导行为、培养习惯等措施来改善提高执行力，并要建立相应的评估体系。比如引导行为，加强对员工的工作指导，引导员工处理好工作与家庭、金钱与健康、学习与娱乐的关系，促进员工的规范、负责和合作意识等。

有了检查反馈机制和改善提高措施的保障，提升执行力也就有了基本依托。

员工四种类型及相应的用人策略

对于任何一家公司来说，都可以根据员工的能力和工作意愿分为四类：高意愿，强能力；强意愿，低能力；低意愿，强能力；低意愿，弱能力。如图4–10所示。

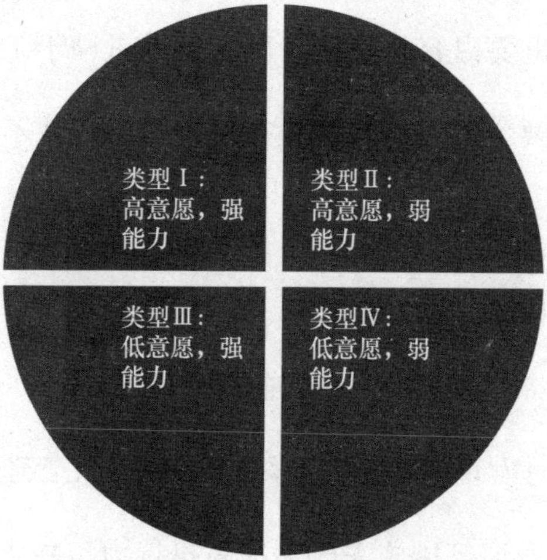

图4–10　企业中员工的4种类型

事实上，企业的员工都可以分为以上四类之一，下面就来分析这4种类型的员工的特征并解释应对策略。

1.类型Ⅰ：高意愿，强能力

这类员工既有很高的工作意愿，也有很强的工作能力，是企业管理层最喜欢的员工类型，是企业的优秀人才和核心的资产。他们能够自动自发地工作，不需要监督和督促；他们不辞劳苦、工作认真，同时对所从事的工作又具有很强的技能和很专业的水平；他们以结果为导向，对于公司交代的工作总是既有效率又有效果地完成；他们能不断总结、创新，不断改善工作流程和提升工作绩效。如图4–11所示。

应对策略

※这类员工往往有着明确的目标和追求，可以主动地工作。所以在管理时不需要太多的关注和干涉，明确他们的工作任务和职权范围就可以使工作顺利有效地开展。

※高能力、高意愿的员工大多具有比较清晰的自我认知和评价，对自己及自己所从事的工作有正确的理解。因此，他们通常对自己对别人的要求都比较高，比较敏感、比较在意工作的感受和别人的评价，比较重视企业的文化和自身的发展。对于这类员工，要给予尽可能多的关心和理解，要给予明确的物质利益回报，同时还要投入更多的感情。

※“千里马”从来都是不好找的，“汗血宝马”更是难以驯服的。企业在用人时需要有足够的胸襟去接纳和包容各式的人才，让各类人才得以在企业施展才华。这些都是对企业管理者的气度、修为、境界的考验

注意问题

这类人才是一把“双刃剑”，他可以顺利地开山辟路，同时也可能弄伤自己。对于这类人才应该注意以下问题：

●优秀的人才，从来都是竞争者眼中的“猎物”，所以要加强与这类人才的沟通和理解，避免被竞争对手挖墙脚。

●通常能建大业的人也能坏大事。所以对于这类人才的道德品质的观察、培养和教育尤为关键。

●在企业建立优秀的团队文化而不是个人英雄文化。我们希望每个员工都是最优秀的，同时也不能让任何员工成为公司绝对不可或缺的成员。所以，不仅企业要求会使用人才，还要会培养人才

图 4-11 针对“高意愿，强能力”类型应该的应对策略及需注意的问题

2. 类型Ⅱ：高意愿，弱能力

这类员工在工作中很努力，对于自己的每项任务都能够认真对待。但由于缺乏专业的训练、必要的知识或特殊的技能，总是不能很好地完成工作，达不到既定的该工作所要达到的目的。出现这种现象的原因有很多。比如，刚毕业的大学生，他们虽然充满工作激情，却缺少处理具体事务的方法；管理者没有鉴别出人才的专业特点，给他安排的岗位不能使其发挥所长；员工年纪比较大，缺乏学习新知识掌握新技能的动力和能力等。如图 4-12 所示。

应对策略

※对于缺乏技能但有提高潜力的员工（比如经验不足的刚毕业大学生），要建立科学的培训培养机制，比如，定期举行专业技能培训、优秀员工经验分享等活动，建立“老带新”“传帮带”等机制，同时要求其直接经理担负起提升下属能力的责任。

※建立人才的评估体系。人力资源部门要善于挖掘员工的潜力，根据他们的个性特长、专业背景、技术特点、性格兴趣等方面的特质和因素安排工作。

※很多公司的老员工追随企业一路走来，已经成为企业的元老级人物，是企业的宝贝。但由于社会不断地进步，知识、技术的更新过于快速，使得他们的个人进步无法跟上企业的发展，越来越无法担当重要的职位。因此，对于这样的员工，除了要督促成长之外，还要安排他们适当的岗位，使其能够继续发光、发热。即使他们的技术和知识已经过时了、落伍了，但是他们的工作精神和榜样作用在企业仍然是不可低估的

注意问题

●有很高工作意愿的员工都是好员工，如果可以正确地培养、使用和管理，那么这些员工的忠诚度会非常高。因此，这些员工应该是管理层着重关注的群体。

●员工的工作意愿受很多因素的影响。如果在高意愿的情况下，长时间不能掌握工作技能，不能创造相应的业绩和产生相应的回报，那么从高意愿降低到低意愿是很容易的事情，甚至可能造成人员的流失。

●中国社会是“人情社会”，在企业管理过程中，除了要考虑利益还要考虑情意，公司对待每一位员工的态度都会成为其他员工判断公司的标准。所以，在对待这些老员工的态度上要非常慎重

图 4-12　针对“高意愿，弱能力”类型应该的应对策略及需注意的问题

3. 类型 III：低意愿，强能力

这类型的员工具备很好的工作能力，可以很轻松地将一件工作做好。但他们总是比较懒散，拈轻怕重，不愿意对工作投入精力和热情，是典型的“可以做但不愿做”的类型。如图 4-13 所示。

应对策略

找到他们不愿意投入工作的真实原因，然后解决这个问题。下面列举几项：

※设定明确的考核标准，赏罚分明、具体。做得好、做得多就有更高的回报，包括物质回报和精神回报。

※评估他们的能力时，“是否该工作任务”已经不能让他们获得成就感了。可以适当地增加其工作任务数量和工作难度，或者适当地调整其工作岗位，让其承担更多的责任。

※调整激励措施，措施要科学、合理、符合人性。太容易获得的激励和很难获得的激励都无法真正激发他们的工作积极性。

※加强企业归属感的培养和感情的投入，给他们创造愉悦的工作氛围

注意问题

有能力但不愿做事的员工，将会成为食之无味、弃之可异的“鸡肋”。因此，在管理实践中要注意以下两个方面：

●要真正挖掘这类员工缺乏工作动力的障碍和激发动力的因素是什么，找到并解决它。切忌用简单、粗暴的方式对待。

●如果不能尽快提高这类员工的工作意愿，就意味着公司宝贵的资源每天都在浪费

图 4-13　针对“低意愿，强能力”类型应该的应对策略及需注意的问题

4. 类型Ⅳ：低意愿，弱能力

培养员工的能力、帮助员工发展是企业的责任。但培养不同的人所需要的成本和预期收益是不同的。所以对于缺乏工作意愿也缺乏工作能力的员工，最好的方法是找更合适的人来取代他。如图4-14所示。

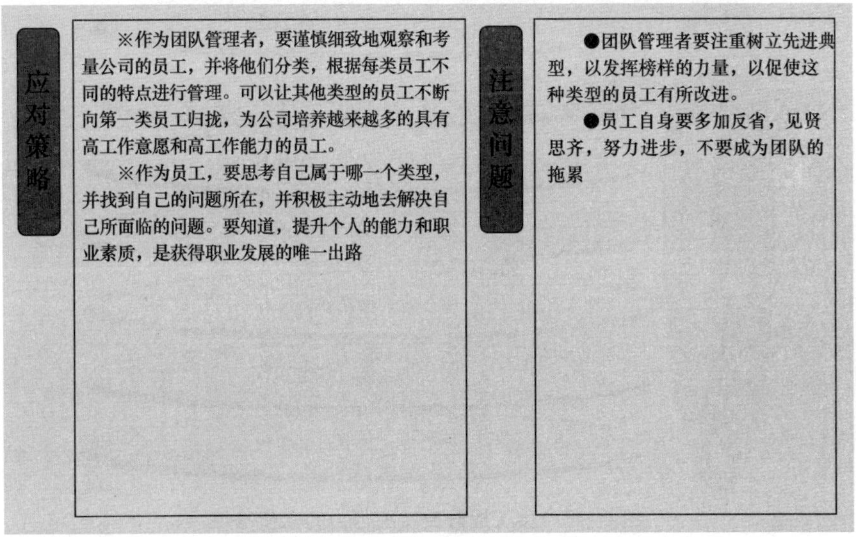

图4-14　针对“低意愿，弱能力”类型应该的应对策略及需注意的问题

员工提升自我执行力的七步修炼

执行力的核心和本质是高质量地完成任务、达成目标。一个员工其优秀的执行力就是“按质按量地完成工作任务”的能力。个人执行

力的强弱取决于个人的能力和态度，能力是基础，态度是关键。所以，我们要提升个人执行力，就要基于能力和态度，依次按照确立清晰目标、不找任何借口、树立实干作风、提高个人能力、激情投入工作、做好细节工作、加强时间管理这七个步骤进行修炼，如图4-15所示。

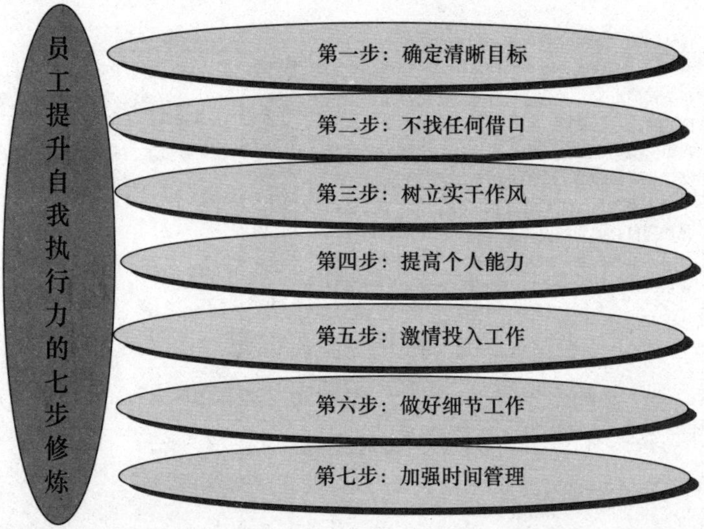

图4-15　员工提升自我执行力的七步修炼

1. 第一步：确立清晰目标

大凡成功之人，做事都有十分明确的目标。想想马云、董明珠、山姆·沃尔顿这些商业巨子，他们都很清楚自己要达到什么目标，然后就埋头苦干，在工作中不断改进工作方法，并取得了最终的成功。

明确的目标是提高执行力的动力。一个没有明确目标的个人肯定没有很强的执行力。每一个人都应该确立清晰目标，有了目标，才有了参照物，才能有动力。再加上清晰的思路，适当的方法和措施，比如把大目标分解成一个个阶段性的小目标等，然后厘清思路、用对方法，最后完成目标。事实上，确立目标和完成目标的过程，就是我们提高执行力的过程。

2. 第二步：不找任何借口

一旦有了目标后，就不要找任何借口，坚决执行到底！

不找借口是执行力强的表现，这是一种很重要的思想，体现了一个人对自己的职责和使命的态度。思想影响态度，态度影响行动。一个不找任何借口的员工，肯定是一个执行力很强的员工。可以说，工作就是不找任何借口地去执行。

“没有任何借口”是西点军校二百年来奉行的最为重要的行为准则之一，强调的是每一位学员想尽办法去完成任何一项任务，而不是为没有完成任务去寻找借口，哪怕是看似合理或确实合理的借口。它体现的是一种完美的执行能力，一种服从诚实的态度，一种负责敬业的精神，其核心是敬业、责任、服从、诚实。

费拉尔·凯普无疑领略了个中精髓，他在自己的《没有任何借口》这本书中表达了这样的观点：一切只看结果，没有任何借口。这一理念应该成为我们每个人提高执行力的重要准则。只有不找任何借口，才有可能去积极地想办法，才能去主动地出击，才能变压力为动力，才能提高你自己的执行力，最终实现目标、完成任务。

3.第三步：树立实干作风

要在行动中树立实干作风。“天下大事必作于细，古今事业必成于实”。虽然每个人的情况各有不同，但只要埋头苦干、兢兢业业地工作，就能经营出一块属于你自己的“乐土”。而好高骛远、作风漂浮，整天只会怨天尤人的人，其结果一定是一事无成。

“只要功夫深，铁杵磨成针”“三天打鱼两天晒网”永远都网不住“鱼”，提高执行力要求必须具有脚踏实地的实干精神和认真负责的工作态度。因此，必须真正静下心来，一件一件地落实，一项一项地看成效，并在实干中不断总结经验与教训。争取干一件成一件，积小胜为大胜，养成脚踏实地、埋头苦干的良好习惯。

4.第四步：提高个人能力

个人能力是指担任某一特定的任务角色所需要具备的能力素质的水平。个人能力是保证执行力的前提条件，因为没有工作能力是不可能按照既定要求保质保量地完成工作任务的。

个人能力主要取决于个人的先天素质和后天努力。因此，要想苦练内功，塑造能力，就要做到如下几点：一是加强学习，提高自身素质（知识和技能）；二是在工作中应注重发现问题，并在发现问题之后主动思考问题，解决问题，要培养自我开发的意识，养成自我开发的习惯，不断挖掘自身的潜力和价值；三是在条件允许的情况下，寻找自己感兴趣的以及合适的工作岗位，这有助于自己整体能力的快速提升；四是注重科学的工作方法技巧锻炼；五是注重提升交流能力，通过沟通交流，获得解决问题的方式方法，从而提高执行效率。

5. 第五步：激情投入工作

激情是一种发自内心的主动行为，因而能产生更大的执行力，正如拉尔夫·沃移·爱默生所说的“世界上没有一件伟大的事情不是由于热情而成功的”。成功的人往往都是激情澎湃的人，热情能让个体产生大量的主动性行为，在企业的执行过程中，管理者也要注重培养员工激情。

满怀激情地工作不仅是成功的前提，同时这种工作状态也会让我们获得快乐工作的体会。“带着激情去工作”折射的是一种境界，只有融入情感的力量、保持激情的状态去工作，才能体会到辛勤工作所蕴含的温度与厚度，才能激荡起让我们夜不能寐的梦想与抱负，才能真正品味到工作的价值及真谛，我们也必将得到一个更多快乐、更为充实、更有意义的美好如画的职业人生。

6.第六步：做好细节工作

古人云："天下难事，必作于易；天下大事，必作于细"；"泰山不拒细壤，故能成其高；江海不择细流，故能就其深"。惠普公司创始人戴维·帕卡德认为"小事成就大事，细节成就完美"；细节管理专家汪中求先生在《细节决定成败》一书说"大礼不辞小让，细节决定成败"。这些见解和理论都充分说明：任何事情的成功，必须从简单的事情做起，从细微之处着手。细节的处理对执行力起着决定作用。

做事情注重把细节做好十分不容易，注重细节是一种工作态度，更是一种做事做人的态度。对工作细节的孜孜追求能转化成完美的执行力，从而推动整体战略的部署。正所谓"好的思想靠行动，好的概念靠运作，好的制度靠实施"，而所有这些，都离不开对细节的关注。

为此，要注重提高关注细节的能力，在日常工作中要做好细节工作，以成就执行力。比如，应该怎样得体的着装，衬衫、西装的纽扣应该扣到几颗；办公桌上的物品怎样摆放，纸笔放置的位置，私人物品如何存放；日常工作交往怎样合适的称呼、问候，握手的正确方法，言谈的礼仪；客人同乘电梯的站立方位，车辆乘坐的位置等。当每个人每天都这样做，并养成了一种习惯的时候，细节中的执行力便体现出来了。

7.第七步：加强时间管理

时间对谁都是平等的，不平等的是所创造的单位价值。不管作为普通员工还是企业管理者，如何让工作变得高效而又充满乐趣，如何让我们的生活过得轻松而井然有序，关键在于如何利用时间及对其进行有效管理。可见时间管理与执行力的提高有直接关系。

前面我们曾经讨论过“时间管理四象限”，即第一象限的“重要又紧急的事情”，第二象限的“重要不紧急的事情”，第三象限的“紧急不重要的事情”，第四象限的“又不重要又不紧急的事情”，就是帮助我们分清事情的轻重缓急并合理安排时间。时间管理四象限强调的是并非要把所有事情都做完，而是更有效地利用时间，其目的是帮助我们分清事情的轻重缓急并合理安排时间，即哪些时间该做些什么事情和哪些时间不该做什么事情。通过这个工具不难看出，运用有效的时间管理方法，就可以大大提高执行力。

第五章

团队激励：激发活力，让团队干劲十足

管理就是激励，团队管理重在激励团队成员积极向上，这是管理的本质。如何激励？应该首先学习激励的相关理论，更加全面深入地了解人性，根据不同人的人性特点采取不同的激励方式。这是团队激励过程中必须遵循的基本原则。在实践层面，要掌握建立激励机制的途径，按照激励原理采取激励措施。合伙人企业的激励，要设计好合伙人制度和股权激励方案，以使激励的功能和作用得以充分发挥。

从“马蝇效应”看激励机制

“再懒惰的马，只要身上被马蝇叮咬，它就会精神抖擞，飞快奔跑。”这是美国四大总统之一的林肯说过的话。后来，人们将林肯的这句话归纳为“马蝇效应”。马蝇效应对团队管理具有启示意义。人的行为的激励过程，实质上就是要使刺激变量引起机体变量（需要、动机）产生持续不断的兴奋，从而引起积极的行为反应，当目标达到之后，经反馈又强化了刺激，如此周而往复，连续不断。因此，有必要建立一套有效的激励机制，以激励员工更加积极地去工作。

1.“马蝇效应”及其蕴含的激励机制

“马蝇效应”出自林肯之口。在当时，位居三把手的财务部长蔡斯不安于现状，竭力想入主白宫，竞选失败后又觊觎二把手国务卿的位置，后来只能屈居美国实权的三把手。但蔡斯还是不死心，一如既往地追求着总统职位。令大家不解的是，林肯总统不仅没有对他处处设防，还为了消除大家的疑惑，给大家讲了一个马蝇的故事。

原来，林肯是在农村长大的，有一次他和弟弟在肯塔基老家的一个农场上犁玉米地，弟弟架犁，林肯牵马。那匹懒惰的老马一步一歇，把兄弟俩折磨得精疲力竭。正当二人不知如何是好时，那匹老马突然飞快地跑了起来。原来，有一只很大的马蝇正叮在它身上。林肯不忍心看着老马被咬，于是就伸手把马蝇打落了。没想到弟弟却大声惋惜道，埋怨哥哥把它打死了，因为正是这家伙才让马跑得这么快！

讲完这个故事后，林肯解释说：对于我来说，蔡斯先生现在也是一只马蝇，他离我越近，就越能督促我快跑。

企业管理的核心就是员工，当公司无法继续发展壮大，很大一部分原因就是没有做好人的工作，作为一个管理者，你要看到员工最看重的一个层面，这样才能设立合适的激励机制，让人更加积极地去工作。在这方面，麦当劳公司就是一个很好的例子。

人们工作都会为了生存，更大的晋升空间和更高的薪酬，才能让员工看到光明的未来，于是，麦当劳就给许多青年员工以极大的晋升机会。公司规定，在新员工进入麦当劳8~14个月后晋升为一级助理，在这期间，一些表现优秀的员工又会被提升为经理。为了让大家都积极地为新员工提供机会，麦当劳还规定无论管理人员多优秀，只要是没有接班人，就不会考虑让他晋升，所以公司里的每一个管理者，都会努力地培养青年员工作为自己的接班人，这样的激励机制让所有员工们更加努力工作。激励机制就像“马蝇”一样，马儿因为合适的刺激，飞快地奔跑了起来。

人的欲望多种多样，如果员工的诉求是工资，那么你就可以设立绩效机制，达到绩效便可以获得高薪，这样才能激励他努力工作。不管什么样的人，只要对症下药，一定能够“药到病除”。要想建立起具有高度协作精神的团队，就要不断地提高工作目标，不然就会停滞不前。

2. 激励机制的基本切入点与激励的作用

激励机制发展至今，其基本切入点依旧来源于企业能够为其员工提供的回报。一般情况下，企业能够为其员工提供的回报包含四个方面：一是报酬，包括基本工资、奖金、员工持股与股票期权等；二是学习与提高，包括培训、职业生涯设计、绩效管理等；三是工作环境，包括组织氛围、领导、绩效支持、生活与工作的平衡等；四是福利，包括健康、保险、员工帮助计划、储蓄、休假等。

激励机制的内容，如图 5-1 所示。

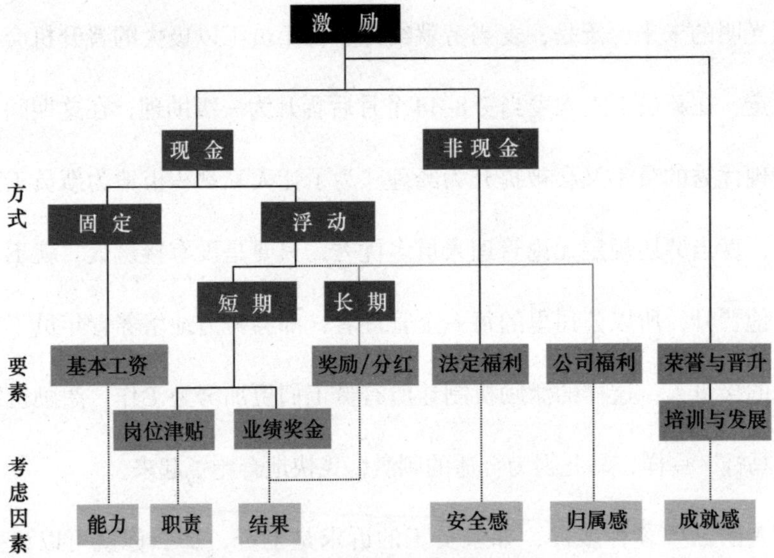

图 5-1　激励机制的内容

激励是激发人的动机的心理过程，它含有激发动机、鼓励行为、形成动力的意义。人的动机多起源于人的需求欲望，一种没有得到满足的需求是激发动机的起点，也是引起行为的关键。一个激励的过程，就是人的需求满足的过程，它以未能得到满足的需求开始，以需求得到满足而告终。因为人的需求是多种多样、无穷无尽的，所以激励的过程也是循环往复、持续不断的。当人的一种需求得到满足之后，新的需求将会反馈到下一个激励循环过程中去。

就企业管理而言，激励是指为了达到企业的目的，通过满足员工的生理、愿望、兴趣、情感等需要，有效地启迪员工的心灵、达到挖掘员工潜力的管理手段。换句话说，激励就是为了让某一个人更好地去做好某事，而这个某事肯定与企业的目标相关联。

美国哈佛大学教授威廉·詹姆斯通过对员工的激励研究发现，实行计件工资的员工，其能力只发挥20%~30%，仅仅是保住饭碗而已；而在其受到充分激励时，其能力可发挥至80%~90%。其中50%~60%的差距是激励的作用所致。一个人能力再高，如果激励水平很低，也必然不会有好的工作效绩；反之，一个人能力一般，如果受到充分的激励，发挥出巨大的热情，也必然会有出色的表现。从需求的角度看，激励对工作人员积极性的调动有着极为重要的影响。

四种人性假设在团队激励中的应用

所谓“人性假设”是指管理者对被管理者工作目的的基本估计。美国管理心理学家雪恩在其名著《组织心理学》一书中阐述了四种人性假设，即经济人、社会人、自我实现人及复杂人（图5-2）。无数管理实践表明，不同的人性假设往往对应着不同的管理模式。人性假设理论可以使我们对人性有更深刻的理解，以便在实践中根据员工的不同人性特点采取正确的管理激励方法。

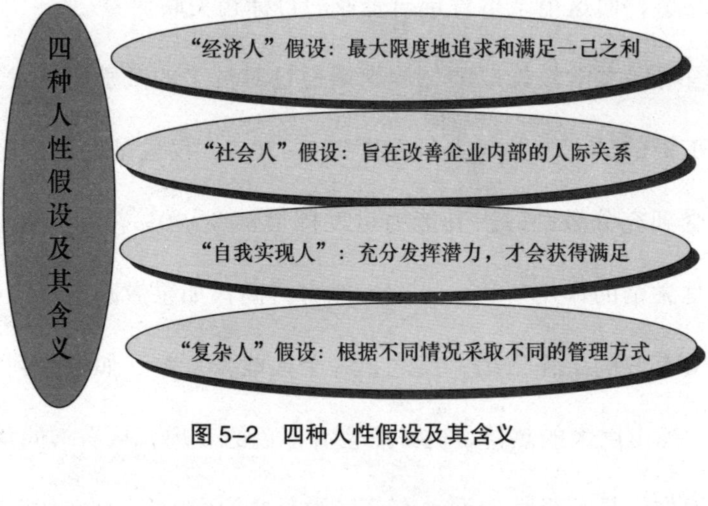

图5-2　四种人性假设及其含义

1.“经济人”假设：最大限度地追求和满足一己之利

“经济人”假设从享乐主义的观点出发，认为人的一切行为的目的在于最大限度地追求物质利益、满足一己之私利，工作是为了获得最大的经济报酬。“经济人”假设站在极端主义的立场上，把人看成是天生懒惰的，因而带有根本性的错误。如表5-1所示。

表5-1　“经济人”假设的人性观及相应的管理方式

人性观	相应的管理方式
○人的本性通常是不喜欢工作的，只要可能，就会逃避工作 ○由于人类不喜欢工作的本性，对于绝大多数人必须加以强迫、控制、指挥，以惩罚相威胁，以便使他们为实现组织目标而付出适当的努力 ○一般人宁愿受指挥，希望逃避责任，较少有野心，对安全的需要高于一切	☞科学管理是从工场作业的研究和分析发展出来的，关心的是生产特殊技术，要求管理要以效率和生产为中心 ☞为了提高效率，必须为工作挑选优秀的工人，并对其工作制定恰当的定额、合理的日工作量；必须对工人进行训练，使之掌握最好的工作方法 ☞为了鼓励工人努力工作，完成工作定额，采用“差别计件工资制”，以物质刺激作为激发调动工作积极性的主要措施 ☞为了提高效率，把管理与实际操作分开。在工厂实行职能工长制，实行职能管理。强调管理的重要职能在于是指挥、监督、控制 ☞提出管理中的“例外原则”，即高级管理人员把一般的日常事务授权下级管理人员，自己保留对例外事项的决策和督促权

2.“社会人”假设：旨在改善企业内部的人际关系

“社会人”假设认为，良好的人际关系对于调动人的生产积极性是决定因素，人们工作的目的在于满足自己的心理需要。从“经济人”的假设到“社会人”的假设无疑前进了一步。“社会人”的假设认为人际关系对于激发动机、调动职工的积极性是比物质奖励更为重要的因素，这对于我们的工厂企业制定和实行奖励制度具有参考意义。“社会人”假设的根本出发点并不在于要真正满足人的心理需要，而在于试图改善企业内部的人际关系。如表5-2所示。

表5-2 “社会人”假设的人性观及相应的管理方式

人性观	相应的管理方式
○人不是单纯的“经济人”，而是“社会人”。人不仅有物质需要，人还有许多心理需求 ○工作条件、物质待遇不是影响工作积极性的唯一因素 ○管理者应寻找工作的社会关系意义，成为人际关系的协调者 ○人要受到正式群体中管理的激励和控制影响，更要受到他所处的自发群体——非正式群体的社会力量的影响 ○人只有在上级满足了他的社会需要，和答应了他的其他要求时，才会对管理有反应	☞管理者不应只注重工作任务的完成，更应注重关心人和满足人的社会需要 ☞管理者不应只注重计划、组织和控制等，更应重视职工间的人际关系，培养和形成职工的归属感和整体感 ☞在奖惩方面提倡实行集体的奖惩制度，而不主张实行个人奖励制度 ☞管理者应当成为新型的人际关系的协调者 ☞管理者不仅要重视对正式群体的管理，更要重视对非正式群体的细心引导

3.“自我实现人”假设：充分发挥潜力，才会获得满足

所谓自我实现，是指人都需要发挥自己的潜力，表现自己的才能，只有当人的潜力充分发挥和表现出来，人们才会感到最大的满足。“自我实现人”的假设认为人的自我实现是一个自然发展过程，人之所以

不能充分自我实现，是由于环境的束缚和限制。如表5-3所示。

表5-3　“自我实现人”假设的人性观及相应的管理方式

人性观	相应的管理方式
○人一般天生就喜欢工作，无论从事体力和脑力工作，都如同游戏和休息一样自然 ○人对自己所参与的目标能实行自我指挥和自我控制，不需要外来的控制和惩罚来威胁和促使人们去实现组织目标 ○对目标的参与是同获得成就的报酬直接相关的，这些报酬中最重要的是自我意识和自我实现的需要得到满足 ○逃避责任、缺乏雄心和强调安全，并非人的天性，是由环境因素造成的 ○在现代工业生活的条件下，一般人的智慧潜能只是部分地得到发挥	☞管理重点方面，要为充分地挖掘个人的潜力，发挥自己的才能，从而达到自我实现，创造一种适宜的工作环境、工作条件 ☞管理人员职能方面，管理者的主要职能是一个采访者，他们的主要任务在于如何为发挥人的才智创造适宜的条件，减少和消除职工自我实现过程中所遇到的障碍 ☞奖励方式方面，奖励可分为两大类，一类是外在奖励；另一类是内在奖励。只有内在奖励才能满足人的自尊和自我实现的需要，从而极大地调动职工的积极性 ☞管理制度方面，管理制度的重点在于如何保证职工能充分地表露自己的才能，达到自己所希望的成就

》》4.“复杂人”假设：根据不同情况采取不同的管理方式

“复杂人”假设是西方现代管理学中关于人性的一种假设，是20世纪60年代末至70年代初由美国科学家德加·沙因提出的，是一种新的管理理论。而与之相应的是超Y理论。

超Y理论是由美国的乔伊·洛尔施和约翰·莫尔斯提出的。他们在道格拉斯·麦格雷戈提出X理论和Y理论后进行了实验。他们选了两个工厂和两个研究所作为实验对象，其中一个工厂和一个研究所按照X理论实施严密的组织和监督管理，另一个工厂和研究所则按Y理论实施宽松的组织和参与管理，并以诱导和鼓励为主。实验结果发现，在任务易测定的工厂，X理论的效率高，而在任务不易测定的研究所Y理论的效率高。

乔伊·洛尔施认为，管理方式要由工作性质、成员素质等来决定，并由此提出了超Y理论。该理论的主要观点是：不同的人对管理方式的要求不同。有人希望有正规化的组织和规章制度来要求自己的工作，而不愿参与问题的决策去承担责任，这种人喜欢以X理论指导管理工作；有的人却需要更多的自治责任和发挥个人创造性的机会，这种人喜欢Y理论为指导的管理方式。此外，工作的性质、员工的素质也影响到管理理论的选择，不同的情况应采用不同的管理方式。其实这也就是说，以“复杂人”为本的管理，才是“以人文本”的管理。

超Y理论具有权变理论的性质，也就是说，X理论并非一无用处，Y理论也不是普遍适用，应该针对不同的情况，选择或交替使用X、Y理论，这就是超Y理论。如表5-4所示。

表5-4　“复杂人”假设（超Y理论）的人性观及相应的管理方式

人性观	相应的管理方式
“复杂人”假设要求将工作、组织、个人三者作最佳的配合，其基本观点可概述如下： ○人怀着各种不同的需要和动机加入工作组织，但最主要的需要乃是实现其胜任感 ○胜任感人人都有，它可能被不同的人用不同的方法去满足 ○当工作性质和组织形态适当配合时，胜任感是能被满足（工作、组织和人员间最好配合能引发个人强烈的胜任动机） ○当一个目标达到时，胜任感可以继续被激励起来，目标已达到，新的更高的目标就又产生	根据超Y理论分析，企业中职工需要的复杂性可分为以下几点： ☞ 人的需要是多种多样的，而且这些需要随着人的发展和生活条件的变化而发生变化。每个人的需要都各不相同，需要的层次也因人而异 ☞ 人在同一时间内有各种需要和动机，它们会发生相互作用并结合为统一整体，形成错综复杂的动机模式。例如，两个人都想得到高额奖金，但他们的动机可能很不相同。一个可能是要改善家庭的生活条件，另一个可能把高额奖金看成是达到技术熟练的标志 ☞ 人在组织中的工作和生活条件是不断变化的，因此会不断产生新的需要和动机。这就是说，在人生活的某一特定时期，动机模式的形式是内部需要与外界环境相互作用的结果 ☞一个人在不同单位或同一单位的不同部门工作，会产生不同的需要。例如，一个人在工作单位可能落落寡合，但在业余活动或非正式群体中却可使交往的需要得以满足 ☞ 由于人的需要不同，能力各异，对于不同的管理方式会有不同的反应。因此，没有一套适合于任何时代、任何组织和任何个人的普遍行之有效的管理方法

5. X–Y理论、超Y理论与四种人性假设的管理方式的比较

X理论、Y理论、超Y理论及四种人性假设都对人性做出自己的

解释，而基于这种解释的管理方式又有哪些不同呢？通过这样的比较，我们能够更加全面地理解这些理论，形成一个完整的认知。如表5-5所示。

表5-5　X-Y理论、超Y理论与四种人性假设的管理方式的比较

理　论	管理方式	假　设	管理方式
X 理论	胡萝卜加大棒的管理方式	“经济人”假设	胡萝卜加大棒的管理方式
Y 理论	创造使人得以发挥才能的工作环境	“自我实现人”假设	创造使人得以发挥才能的工作环境
超Y理论	根据不同情况采取不同的管理方式	“复杂人”假设	管理权变性（根据不同人的不同需要采取相应的管理方式）
—	—	“社会人”假设	营造和谐融洽的人际关系

如何建立有效的激励机制

1.激励机制的内容

激励是持续激发人的动机的心理过程。将激励这一概念用于管理，就是以满足个体的某些需要为条件，努力实现组织目标的过程，即通常所说的调动人的积极性的问题。激励人的动机的心理过程的模式可以表示为：需要引起动机、动机引起行为、行为又指向一定的目标。

所谓需要就是，当缺乏或期待某种结果而产生的心理状态。而动机是指，人们从事某种活动、为某一目标付出努力的意愿，这种意愿取决于目标能否以及在多大程度上满足人的需要。组织目标、员工的努力、员工的需要。

关于员工行为的影响因素有这样一个公式：

员工工作表现＝能力（Ability）× 意愿（Motivation）× 环境（Environment）　（5-1）

在这里：

能力——知识、技巧、性向；

意愿——动机、兴趣、人格、态度、价值观、情绪；

环境——管理制度、主管的经营理念与领导风格……

人的行为的激励过程，实质上就是要使刺激变量引起机体变量（需要、动机）产生持续不断的兴奋，从而引起积极的行为反应，一旦达到目标，经反馈又强化了刺激，就会周而往复，连续不断。

调动人的工作积极性主要有三个途径：一是了解与满足需要相关的途径；二是设置有吸引力的目标；三是强化行为。

2. 马斯洛的需求理论与激励要素

马斯洛“需求层次论”提出人类的需要是有等级层次的，从最低级的需要逐级向最高级的需要发展，需要按其重要性依次排列为：生理需求（或称基本需求）、安全需求、社交需求（或称归属需求）、尊重需求和自我需求（或称自我实现需求）。并且提出当某一级的需要获得满足以后，这种需要便中止了它的激励作用。如图5–3所示。

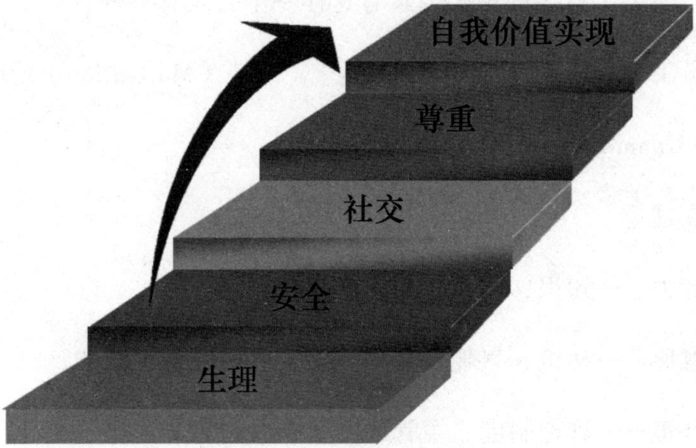

图5–3　马斯洛需求层次模型

代表人物：马斯洛。

需要层次论在企业管理中的应用包括各项所追求的目标和相应的管理制度与措施，如表5–6所示。

表5–6　需要层次论在企业管理中的应用

需要的层次	诱因（追求的目标）	管理制度与措施
生理需要	薪水、健康的工作环境，各种福利	身体保健（医疗设备）、工作时间（休息）、住宅设施、福利设备
安全需要	职位的保障，意外的防止	雇用保证、退休金制度、健康保险制度、意外保险制度

续表

需要的层次	诱因（追求的目标）	管理制度与措施
社交需要	友谊（良好的人群）、团体的接纳、与组织的一致	协谈制度、利润分配制度、团队活动制度、互助金制度、娱乐制度、教育训练制度
尊重的需要	地位、名分、权利、责任、与他人薪水之相对高度	人事考核制度、晋升制度、表彰制度、奖金制度、选拔进行制度、委员会参与制度
自我价值实现的需要	能发展个人特长的组织环节，具有挑战性的工作	决策参与制度、提案制度、研究发展计划、劳资会议

3. 影响激励机制设计的主要因素

影响激励机制设计的主要因素，如图5–4所示。

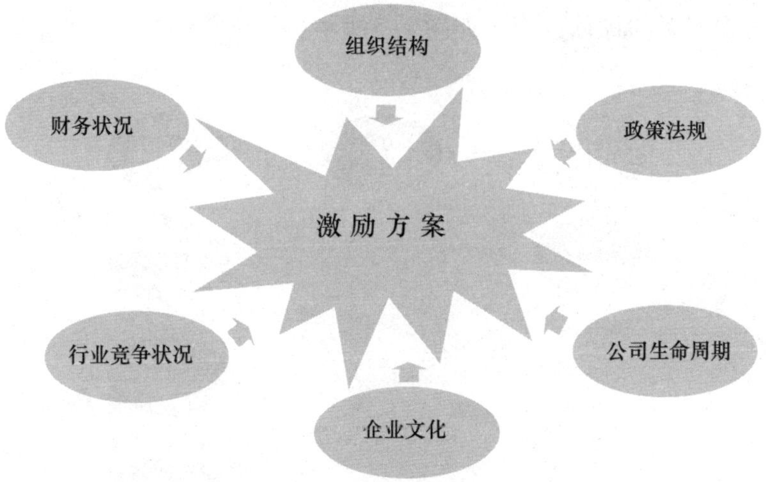

图5–4　影响激励机制设计的主要因素

影响激励机制制度设计的主要因素有：

财务状况：公司财务状况良好，就能满足多种激励方式，比如，只有财务状况良好，才能让员工带薪休假。

组织结构：好的组织结构有利于激励制度的设定。

政策法规：良性的政策法规才有助于激励制度的设定，如果企业制度不完善，或者有令不行，激励也就无法进行了。

公司生命周期：公司所处的生命周期，也会制约激励机制的设定。

企业文化：企业文化是一种软性的东西，好的企业文化更能将激励机制的设定推上新高度。

行业竞争状况：竞争越激烈，越需要设定激励机制。

4.激励方案的设计流程

激励方案的设计流程，如图5-5所示。

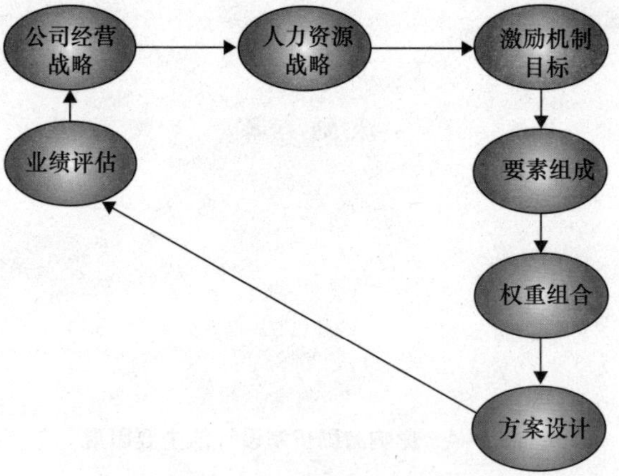

图5-5　激励方案的设计流程

激励方案的设定，需要经过这样一个过程：

制定公司经营战略——制定人力资源战略——设定激励机制的目标——规范要素组成——进行有效的权重组合——设计方案——业绩评估。

激励过程，如图5-6所示。

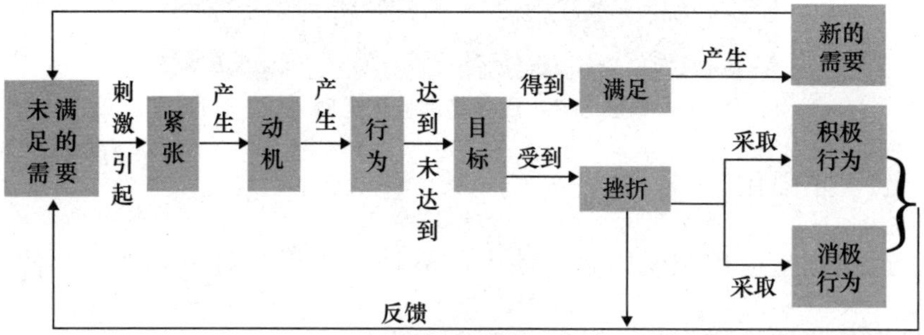

图5-6　激励过程

对员工的激励通常要经历这样一个过程：

（1）未满足的需要，受到外界的刺激而产生紧张感，继而产生一定的行为。达到目标后，就能得到满足，继而产生新的需要。

（2）未满足的需要，受到外界的刺激而产生紧张感，继而产生一定的行为。如果没有达到目标，就会遭受挫折。之后，心态积极的人就会积极行动；心态消极的人就会采取一些消极行为。

基本强化类型一共有四种，如图5-7所示。

图 5-7　四种基本强化类型

（1）正强化。

正强化是运用刺激因素，使人的某种行为得到巩固和加强，使之再发生的可能性增大的一种行为改造方式。

跟正强化作用有关的因素主要有这样几个，如图5-8所示。

图 5-8　跟正强化作用有关的因素

（2）负强化。

负强化指的是预先告知某种不符合要求的行为或不良绩效可能引起的后果，允许职工通过按所要求的方式行事或避免不符合要求的行为来回避一种令人不愉快的处境。

如果职工能按要求行事时，即可减少或消除这种不愉快的处境，从而，这也就增加了职工符合要求行为重复出现的可能性。

因此，负强化与正强化的目的是一致的，但两者所采取的手段则不同。

（3）惩罚。

惩罚指的是以某种带有强制性、威胁性的结果。具体方式主要有这样几个，如图5-9所示。

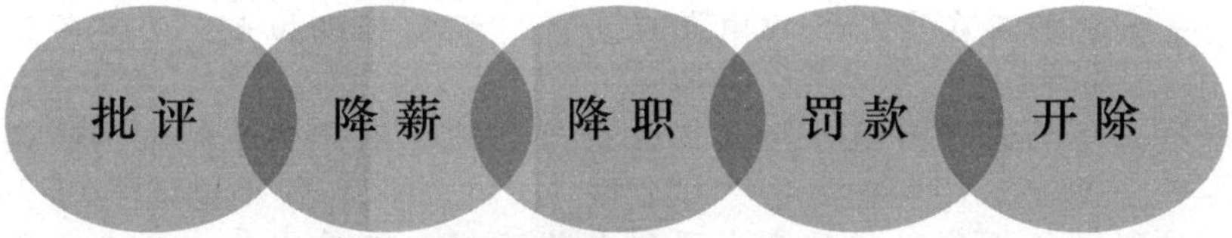

图5-9　惩罚的方式

批评：如果员工犯的错误不严重，只要简单批评一下即可。

降薪：如果员工的错误影响到了工作的进度，或者影响到团队的工作，就要给他重新安排一份工作，降低薪资。

降职：如果下属在工作岗位上不作为，或者没有创造多少业绩，就要降职处理。

罚款：如果员工因为自己的错误给团队或企业带来损失，就要罚款，让他承担一定的责任。

开除：如果员工的言行影响到了企业形象，或者确实不适合工作，就要开除。

创造一种令人不快乃至痛苦的环境或取消现有的令人满意和愉快的条件，以示对某一不符合要求的行为的否定，从而消除这种行为重复发生的可能性。

（4）衰减。

衰减是指撤销对人的某些行为的强化，使这种行为出现的频率逐步减少、衰弱。

例如：

一个职工正在生产工作中表现出色，经常加班加点，上半年已经在干第二年的活了。他积极的工作行为经常受到厂领导和车间的领导的各种形式的强化。但后来发现他身体不好，工作中体力不支，于是领导除嘱咐他多注意身体外，不再对其工作行为进行强化，使其加班加点、超负荷工作的行为衰弱减少。

具体的激励方法主要有：

（1）突破常规体制，实行人才动态管理。所谓人才的“动态管理”，就是要在企业中引入竞争机制，建立能者上、庸者下，以人为本、用人唯才的用人机制，使得到提升的员工产生强烈的成就感和责任感，其他员工树立更远大的进取目标，更使原有的干部产生危机感，从而激发全体员工的积极性和创造性。

在动态管理机制中，一方面要破除传统观念，大胆起用优秀人才，另一方面还在注重保持适度的下岗率。

首先，人才是事业成败的关键，更要彻底打破论资排辈，构造全新的人才晋升渠道。大胆启用年轻人，营造人才脱颖而出的新机制，对有发展前途的年轻人才，要定向培训和培养，破格提拔，为他们提供一个能充分发挥自己优势的空间，做到人尽其才、才尽其用。

其次，结合本企业实际，实行“末位淘汰制”。建立劳动用工置换机制，通过竞争上岗、二次竞岗，形成螺旋式提高队伍素质的用工、培训和再就业方式，逐步增加高素质的在岗职工。所有干部岗位在全体员工中公开竞聘，一经聘用，到岗任职，落实待遇。不称职者下岗培训，再上岗后仍不能胜任者，易岗易薪，降职使用或解聘免职，空余岗位再行招聘。这样一来，就形成了竞争淘汰机制，增强了职工的危机感，从而促进了员工学习业务、提高素质的积极性。

进行动态管理，还可以在一些岗位实行换岗制。比如一些日常管理工作，通常分工较细，且多是事务性的工作，不具备太大的挑战性，而长期在一个岗位工作，容易使职工产生懈怠心理，影响职工积极性的正常发挥，但是如果在职工熟悉原工作之后，给他另换一个新岗位，面对新的工作、较为生疏的任务，任何人都会有一种精神一振的感觉，从而以充盈的斗志迎接挑战。这样既可提高员工的才干，又可充分调动员工的积极性，使企业充满生机和活力，可谓一举两得。

（2）建立科学的考核评价体系。对员工进行晋升、聘任、奖惩及调整工资待遇都要有一定的依据，这就需要有一套科学的绩效考核评价体系。员工绩效考核是按照一定的标准，采用科学的方法，检查和评定员工对职位所规定的职责的履行程度，以确定其工作成绩的管理方法，其目的主要在于通过对员工全面综合的评估，判断其是否称职。考核要坚持客观公正、民主公开、注重实绩的原则。考核的内容包括“德、能、勤、绩”四个方面，重点考核工作实绩。不同专业和不同职务、不同技术层次的工作人员在业务水平和工作业绩方面应有不同的要求。

科学、公平的绩效量化考核体系要真正做到客观、公正地评价每一位职工的工作业绩，使各项考核奖惩有本可依，同时为进一步开展减员增效提供依据。绩效量化考核激励机制能进一步加大内部分配的激励职能，适应现代企业减员增效工作的需要。同时绩效量化考核结果不仅在物质分配上体现，还在非物质分配方面，如培训机会、各项荣誉、晋升机会、下岗分流等方面进行体现，从而更有效地发挥绩效量化考核的激励作用，激发每一位职工的潜能，是企业充满生机和活力。

（3）加强企业文化建设，以远大的目标激励职工。人的需求多种多样，既有物质方面的，又有精神方面的。过于强调物质利益，会使自我极度膨胀，自私自利，工作积极性更是无从谈起；然而，过于强调精神方面的内容又会形成望梅止渴的现象，解决不了实际问题。

因此，在满足员工的物质利益的同时，还应大力提倡企业文化建设，形成讲牺牲、讲贡献的良好企业氛围，以精神内容的引导升华职工的各种劳动行为，充实员工的思想和生活，给他们以强大的精神力量，使之有目标可奔、有方向可寻。

（4）注重经营管理变化，随时改变激励方式。由于人的需求是多变的，同时当低层次的需要满足后，就会上升到较高层次的需要。因此激励方式也不是一成不变的，而是应该随着员工生活水平、收入的提高有所变化。这样激励政策才能保持持续的有效性，员工积极性才能不断提高，创造力不断挖掘，使企业永葆生机和活力。

除此之外，激励方式还应因人而异。因为人的层次不同、生活水平不同，需要自然也不一样。尤其是高学历人才与一般职工的需求相差很大。一般来说，高学历人才的需要偏重于晋升、有挑战性的工作、长远的发展等精神方面的追求，而一般员工则偏重于物质方面的鼓励或短期的利益。

因此，对于不同人员的激励应有所差别，即所谓看人下菜碟，这样才能实现各取所需，达到提高员工积极性、创造性、吸引人才、留住人才及企业长远发展的目的。

（5）建立立体化、精确化的激励机制。企业要让团队有激情，只在企业内部设立激励机制，创造激情的工作氛围是不够的，还要有愿意接受挑战和对工作满腔热忱、富有激情的员工。

否则，即使公司文化氛围再浓，如果一个员工本身不具备这样的性格，再培养也是徒劳无功。因为从本质上讲，员工的激情更多是带有天生的综合素质的一种表现，是自身品质、精神状态和对事物认识程度的一种外化表现，如果没有这些做后盾和基础因子，仅凭企业对该员工的培训也不一定能行。

（6）企业高管行为是影响制度的一个重要因素。企业高管的行为对激励制度的成败至关重要，首先是企业高管要做到自身廉洁，不要因为自己多拿多占而对员工产生负面影响；其次是要做到公正不偏，不任人唯亲；要经常与员工进行沟通，尊重支持下属，对员工所做出的成绩要尽量表扬，在企业中建立以人为本的管理思想，为员工创造良好的工作环境；最后是企业高管要为员工做榜样，即通过展示自己的工作技术、管理艺术、办事能力和良好的职业意识，培养下属对自己的尊敬，从而增加企业的凝聚力。

员工激励之八大法则原理

激励是鼓舞、指引和维持个体努力行为的驱动力。激励是指通过一定的手段使员工的需要和愿望得到满足，以调动他们的积极性，使其主动而自发地把个人的潜能发挥出来，奉献给团队，从而确保团队达到既定的目标。

能否真正激励员工，取决于采取什么样的规则与方法。实践表明，掌握使命法则、生存法则、竞争法则、兴趣法则、空间法则、荣誉法则、危机法则、沟通法则这八大法则的原理，能够收到很好的效果。如图5–10所示。

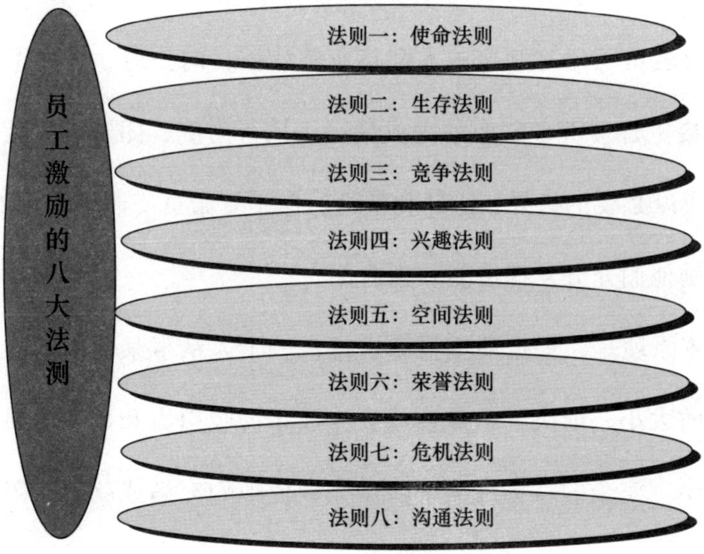

图 5–10 员工激励的八大法则

1. 使命法则：自我激励、承诺计划、临时团队

法则1：自我激励

激励斗志的方法可以多种多样。如由公司老总或其他事业有成的人士讲解创业经历，让员工认识到事业的可能性和艰难性；邀请成功学方面的专家到公司讲课；订购成功学方面的书刊给员工阅读让员工讲出自己心中的理想以及实现理想的打算等。

具体原理是：每个人都有自己的梦想，都渴望成功，都希望过上美好的生活。当员工心中被尘封已久的理想再次被点燃时，他们会表现出很大的爆发力。而他们心里明白，要成功就必须从做好手头上的工作开始。

法则2：个人业务承诺计划

让每名员工年初制定本人全年业务计划，向公司立下“军令状”。由其直接主管负责考察业绩完成情况、执行力度、团队力度及团队精神，并予以必要的指导、协助和鼓励。但不要给员工制定太多的目标，而要鼓励他们充分发挥潜能和创造性。

具体原理是：根据期望概率理论，一个人从事某项活动的动力或激励力的大小，取决于该项活动产生成果的吸引力和该项成果实现概率的大小。完全的目标导向一步步完成使他们充满成就感，团队的支

持让他们感受到动力和宽慰。

法则3：组建临时团队

具体方法是：将某个重要的业务计划或项目由一个临时组建的团队去做。

相关原理是：临时团队之所以可以产生较高的工作效率，其组织形式对成员的激励功不可没。临时小组有以下的特点：人少（最佳规模为3~7人），志愿组成，目标导向，通常完成任务之后自行解散。适当的、具有一定挑战性又有可能达成的目标能很好地激发临时团队成员的创新激情，同时临时团队实行自我管理，即团队成员从本来的被控制变成具有一定决策权。当一个人充满责任感的时候，他将会全身心地投入进去。

2. 生存法则：让每个人都知道自己所处的位置

具体方法是：对员工进行动态评估，让每个人都知道自己所处的位置。要让员工明白，如果他们不努力工作或者工作没有业绩的话，就有可能被公司淘汰出局。在生存竞争激烈的现代社会，可能失去饭碗的压力将会极大地激发员工的工作热情。

举个例子：

美国通用电气将其所有的员工分为五类。第一类是顶尖的人才，占10%；次一些的是第二类，占15%；第三类是中等水平的员工，占50%，他们的变动弹性最大，他们有机会选择何去何从；接下来是占15%的第四类，需要对他敲响警钟，督促他们上进；第五类是最差的，占10%，只能毫不留情地辞退他们。这种淘汰机制给了员工充分的紧迫感，也给了他们充足的动力。

3.竞争法则：新陈代谢、分组竞争、引入外来竞争

法则1：新陈代谢机制

制定公司、部门及个人工作目标，建立相应的考核机制，达不到目标的责任人员，无论级别、资历、以往贡献都得下台。

许多公司的业务计划在制定时意气风发，可是在执行过程中却因种种原因不断打折扣，最后即使完不成也不了了之，使得制定业务计划本身已经失去意义，领导丧失权威，员工丧失紧迫感和责任感。

法则2：分组竞争机制

将公司业务部门划分为若干小组，每天（周）公布业绩排行榜，月终总结，奖励先进，激励后进。

最好的机制不是试图去“让懒人变得有生产力”，而是在企业中形成高绩效的环境，使员工的敬业精神得以发扬光大，让懒惰者无处藏身。基于真诚合作和责任承诺之上的内部竞争，来自同级的压力比

来自上级的命令更能促进员工的积极性和工作热情。

法则3：在内部引入外来竞争

允许内部机构向外界采购产品或服务，使内部相关的供应部门不能再依靠独家生意，舒舒服服过日子而不思进取。

“铁饭碗”变成“泥饭碗”。内部机构不努力就会没饭吃，当然会加倍努力改善产品或服务质量，并努力降低成本以增强竞争力。

4. 兴趣法则：给员工完全自由发挥的空间

法则1：鼓励“非法行动”

允许和鼓励员工做一些正常工作、常规程序以外的尝试。

很多时候，员工在工作中的新想法、新创意是突如其来的，但是这一部分计划外的想法却同很多计划的想法同样具有价值，需要被企业重视并予以支持。有些耗资不多的新构思，技术人员可以通过自己的简单试验来测试。类似情况经常发生在企业的基层，基层员工常常是最了解产品、客户和市场的，他们由于成年累月的实际操作，对这些方面有独到的了解，知道怎样提高生产和市场拓展效率。

举个例子：

通用电器公司的巨大成功，例如在工业塑料和飞机发动机的成功，就是“非法活动”的直接结果。IBM甚至在管理制度上故意设计得有一点“漏洞”，以便让一些人在预算之外做点事，执行计划以外的计划。在过去25年中，IBM重要产品的生产没有任何一项是该公司的正式系统搞出来的。

法则2：给员工完全自由发挥的空间

如对公司科研人员而言，可以允许其花费公司时间的15%，在自己选定的领域内从事研究和发明创造活动。

兴趣是最好的老师，也是最好的工作推进剂。员工只有对自己所从事的工作真正感兴趣，能从中获得快乐，才会竭尽全力把工作做好。

5.空间法则：培训、轮岗、发展通道、参与决策

法则1：培训机会

为员工提供全方位、多层次的培训机会，增加企业人力资源的价值和员工自身的价值。

在知识更新越来越快的信息时代，“终身学习”和“建立学习型组织”已成为个人与企业在激烈竞争中立于不败之地的基本要求。企业应该通过培训开发来挖掘员工潜力，实现员工人力资源的保值增值。这既是调动员工积极性的需要，也是维护和提高企业市场竞争力极为重要的一环。

法则 2：岗位轮换

员工定期（比如一年）轮岗，尝试不同的工作岗位。

在传统管理时代，强调组织分工明确，结果员工每天重复单调的工作，虽然在一定程度上提高了生产率，但成员的满意度下降。人本思想问世后，对人的激励有了新的认识，开始注意完善人的能力，开发人的潜力，并在此基础上健全岗位轮换制度，使员工能更加充分、主动地选择具有挑战性的工作，从而使工作内容横向丰富化和纵向扩大化。这样，工作产生的乐趣和挑战性就成为工作本身对员工的回报。

法则 3：给予员工顺畅的事业发展渠道

在干部选拔上，企业要给员工更多的机会，从以前对外聘用为主，转变为对外聘用与内部选拔并重，最后过渡到内部培养选拔为主，变“伯乐相马”为“在赛马中选马”。

事业发展是员工内在报酬体系的重要组成部分。依据马斯洛的需要层次理论，自我实现是人最高层次的需要。职业发展属于满足人的自我实现需要的范畴，因而会产生更大的激励作用。

法则 4：减少审批程序

减少一个产品研发或市场拓展计划的审批程序和时间，不要设置过高的审查标准，应留给相关人员更多的空间。

复杂性引发冷漠及惰性。如果业务人员的一项雄心勃勃的拓展计划面临公司的层层把关，他自然会降低工作的热情。而事实上很多划时代的产品或营销方案只是出于一个看似荒谬的点子。

法则5：员工参与决策

建立员工参与管理、提出合理化建议的机制，提高员工主人翁参与意识。如让员工参与公司发展目标、方向的分析研讨，让员工参与项目确定，参与保证公司正常运转的各项规章制度的制定。

没有人喜欢别人强加于自己身上的东西。但如果让员工参与公司经营目标、管理制度等的制定，他们就会觉得那就是自己的目标和行为规则，就会充满期待地投入工作。

6.荣誉法则：毫不吝啬地授予一些头衔、荣誉

对有突出表现或贡献的员工，对长期以来一直在为公司奉献的员工，毫不吝啬地授予一些头衔、荣誉，换来员工的认同感，从而激励员工的干劲。

每个人都对归属感及成就感充满渴望，都希望自己的工作有意义，荣誉从来都是人们激情的催化剂。拿破仑“为法兰西而战”的名句更使他的军队所向披靡。

举个例子：

IBM公司有一个“百分之百俱乐部”，当公司员工完成他的年度

任务，他就被批准为该俱乐部会员，他和他的家人被邀请参加隆重的集会。结果，公司的雇员都将获得“百分之百俱乐部”会员资格作为第一目标，以获取那份光荣。

7.危机法则：让员工明白企业生存环境艰难

不断地向员工灌输危机观念，让他们明白企业生存环境的艰难，以及由此可能对他们的工作、生活带来的不利影响。

企业发展的道路充满危机。正是因为如此，盖茨才会不断地告诫他的员工微软永远离破产只有18个月！任正非才会警告：华为的冬天很快就要来临！然而这种危机往往并不是所有员工都能感受到的，特别是非市场一线人员。因此有必要不断向员工灌输危机观念，树立危机意识，重燃员工的创业激情。

8.沟通法则：双向沟通、亲情关怀

法则1：双向沟通

基层员工与高层管理人员恳谈会、经理接待日、员工意见调查、总裁信箱、设立申诉制度，让任何的意见和不满得到及时、有效的表达；建立信息发布会、发布栏、企业内部刊物等，让员工及时了解企业动向、动态，增强他们参与的积极性。使员工感受到自己受重视、有存在价值，

自然会有热情去为公司做事。

法则2：变惩罚为激励

员工犯错误，通过管理者与其进行朋友式的沟通和交流，让员工感受到被尊重和爱护，从而主动承认错误，主动接受惩罚，主动改善工作质量。

对员工犯的错误，企业普遍的做法就是严厉批评和惩罚！然而处罚并不能真正解决问题，反而会造成员工积怨甚至流失。只有沟通才能取得事半功倍的效果。

法则3：亲情关怀

企业的经理和主管应该是一个细心的人。对员工的工作成绩，哪怕是很小的贡献也及时给予回馈。一张小纸条，一个电话留言，一封E-mail，一个两张电影票的红包，都能让员工感到自己受领导关注、工作被认可，并为此而兴奋不已。此外，还有建立员工生日情况表，总经理签发员工生日贺卡，关心和慰问有困难员工等，可以很好地增强员工的归属感。任何人都希望自己努力的成果能被认可、赞同和感激，这是人们前进的动力。

法则4：变消极管理为积极管理

管理者对员工给予积极意见而不是责备。

员工往往只体验到“因犯错而做出的管理（消极管理）”，亦即上司大多是在认为他们犯错误而须加以纠正时才给予意见。如果员工觉得他们的决定普遍获得支持，并在真正犯错误时会获得适当指导，他们便会更为积极进取而充满自信，并愿意承担职责和做出决定。如果员工清楚知道上司对他们的期望，知道自己受到重视和信任，并会获得鼓励和激励，他们便会全力以赴，尽心工作。

合伙人制度，让员工奉献的奥秘

最近几年，非常流行的一个词就是“合伙人”，很多人高呼“职业经理人已死，合伙人时代来临”。其实合伙人制度并不是今天才出现的，回顾晋商的历史，可以简单理解，用“身股”入股的股东，就是合伙人。随着知识经济时代的到来，人力资本在企业经营中越来越重要，很多公司制企业为了充分发挥人力资本的作用，在公司制企业中创新治理机制，建立了事业合伙人制度，阿里巴巴和万科就是其中最典型的代表。移动互联时代是“身股”价值崛起的时代，只有真正把员工当成合伙人，他们才会对公司和工作充满激情，像老板一样思考和行事，才有可能创造商业奇迹。

1.阿里巴巴合伙人机制

根据阿里的IPO文件，马云等董事高管持股不超过13.5%，而软银和雅虎分别持有34.4%和22.6%股权。为了保证创业团队和核心管理者的控制权和决策权，以及企业文化的可持续性，阿里独创了“湖畔合伙人”的制度。

阿里的合伙人有提名董事会超过半数席位的权力，从而间接获得董事会决策的控制权。合伙人需要高度认同企业文化，愿意为企业使命、愿景和价值观竭尽全力。

阿里的合伙人选举机制借鉴了麦肯锡、高盛等合伙制企业的做法。为了确保合伙人能够传承阿里的文化价值观，合伙人必须在阿里服务满5年，持有公司股份（有限售要求），由在任合伙人向合伙人委员会提名推荐，并由超过75%的合伙人投票同意，方能加入。

合伙人基本要求：

（1）在阿里巴巴工作5年以上，认同阿里巴巴企业文化，有优秀的领导能力，并对公司发展有着积极作用的管理者；

（2）合伙人必须持有公司股份，且有限售要求。

合伙人推荐流程：

（1）在任合伙人向合伙委员会提名推荐，并由合伙人委员会审核同意其参加选举；

（2）在一人一票的基础上，超过75%的合伙人投票同意其加入，合伙人的选举和罢免无须经过股东大会审议或通过。

合伙形式赋予合伙人更多的公司事务决策和董事会席位，但不享有公司大部分的股权，可提名阿里大多数的董事，由股东会投票表决是否通过，若否决，合伙人可另行提名人选。

2. 万科合伙人计划

在房地产行业，提到合伙人计划大家首先会想到万科。2014年，万科推出了事业合伙人持股计划和项目跟投制度，风险共担、利益共享是事业合伙人与职业经理人最大的区别所在，让员工更能站在公司经营者的角度思考和解决问题。在浮动薪酬、奖金制度和股权激励的情况下让职业经理人不能坐享高收入，而需通过自己的经营才能与股东共创事业、共享收益。万科所提倡的是，事业合伙人制度培养的，不仅是忠于职守的职业经理，更是具备企业家精神和企业家才能的经营者。在创业的过程中，没有其他任何资源比这二者更加重要。无论从现有业务的效率、效益提升角度来看，还是从新业务的创新、创业来看，事业合伙人制度都是重要的基础和保障。未来它可能作为企业管理机制的一次重要提升而载入商业史册。

万科做好合伙人制度的五大要点：

（1）做好跟投规则。实质就是谁能投、投多少，不同的企业跟投规则都会不太一样，但是实施好跟投规则，员工就会从原来接受任务演变成为积极寻找解决方案。同时，好的跟投规则还会让员工的跨部门跨公司沟通变得无比顺畅，从中也不会扯皮忽悠，大家共同寻找最优的解决方案。最重要的就是跟投做好了之后，人人都将会变成企业的“营销人员”，因为所有人都会认为自己是公司/项目的主人，所以自然会做好所有工作。

（2）做好合伙人的文化。很多管理者认为做好合伙人制度就完事儿了，其实不然，合伙人文化才是合伙人制度的内核。举个例子：万科的事业合伙人制度，在最近这三年几乎把万科的文化都给颠覆了，原来是精英主义的万科公司，现在就是一家去精英主义的企业。万科的合伙人文化就是：信任文化+协同文化+去金字塔化。

（3）接受阵痛。任何变革都会带来伤痛，合伙人制度也不例外，合伙人制度在推行的过程中一定会遇到不少的阻力和困难，因为这项制度动了一部分人的蛋糕。但是大家都知道，往往某项变革让别人痛了，才说明变革有了效果，所以不必担心，接受阵痛，没有谁的奶酪是不能被动的，一些变革动了某些人的奶酪，说明变革真的落到了实处。

（4）合伙人制度的升级。沿着万科事业合伙人的思想，万科的大

BOSS郁亮提出“事业合伙人2.0或者3.0版本”，比如未来能否将合伙人制度跟投扩大化，将产业链上下游也变成合作伙伴。这相当于除了企业的员工，将产业链的利益相关者也发展为事业合伙人，从一家公司出发，作为平台进行内部创新，创新最终结局是重构一个生态体系。

万科的事业合伙人制度，在最近这三年几乎把万科的文化都给颠覆了，原来是精英主义的万科公司，现在就是一家去精英主义的企业。

万科的事业合伙人制度将产业链上下游也变成合作伙伴。这相当于除了企业的员工，将产业链的利益相关者也发展为事业合伙人，从一家公司出发，作为平台进行内部创新，创新最终结局是重构一个生态体系。

3. 合伙人制度的特点及四种形态

为什么需要合伙人制度？

最近几年，企业界非常热的一个词就是“合伙人”，很多人高呼“职业经理人已死，现在是合伙人时代”。我们认为合伙人制度并不是今天就出现的，回顾晋商的历史，可以简单理解，用“身股”入股的股东，就是合伙人。

在工业时代，有四大生产要素：资金（Capital）、土地（Land）、劳动力（Labor）、企业家才能（Entrepreneurship），其中最重要的因素就是资金，资本家掌握着最大的价值。

到了移动互联时代，资金不再匮乏，中国经济增长已经从投资和基础设施拉动变成创业、创新拉动。创投基金在中国如雨后春笋，地产“黄金”时代已过，人才和企业家才能成为价值创造的火车头。

毫无疑问，和“银股”相比，移动互联时代是“身股”价值崛起的时代，只有真正把员工当成合伙人，他们才会对公司和工作充满激情，像小老板一样思考和行事，才有可能创造商业奇迹。

合伙人是什么？

合伙人的概念其实非常简单，说成大白话就是“合在一起成为一伙”，形成一伙后就共担责任共享成果，这听起来就像是香港电影里的××帮一样，其实质确实大致如此。

如果我们换到企业来说，合伙人具体表现就是员工获得股份、分红权、成为股东、成为公司的主人的一个过程。

（1）合伙制企业的合伙人制度。

提到合伙人制度，业界的概念是非常混乱的——有人讲的是法律结构，有人讲的是股权激励，还有人讲的是公司控制权。因为“合伙人”一词最早出现于合伙制企业，这就需要追本溯源，从合伙制企业讲起。

合伙制企业是一种法律意义上的企业形态，最早出现的是“普通合伙企业”。这种企业的特点是只有“身股”，没有“银股”。合伙制企业往往都身处轻资产、重人力资本的行业——公司的成功，只靠员工的智慧和经验，其他都不重要。合伙人必须是企业的管理层，并经过严格筛选才能担当，他们既是公司的雇员，又是公司的所有者。合伙人离开时股份被强制回购，意外死亡继承人不能继承股份，除非在公司担任管理职务。

后来又出现了有限合伙企业，主要流行于股权投资（PE）行业。有限合伙企业有普通合伙人（GP）和有限合伙人（LP）两类。通常情况下，GP出资1%，LP出资99%。基金的运作交由GP管理，LP不能参与具体运营事务。同时，在利益分配时，在所有人都收回投资成本后，在GP和LP之间按照20%∶80%的比例来分配投资收益。有限合伙企业最大好处是让GP用很少的资金撬动上百倍资金的同时，可以牢牢掌握公司控制权，还能获得远超过自己出资比例的超额收益。这些特权都体现了对GP人力资本价值的认可。

（2）公司制企业的合伙人制度。

演变到今天，我们认为合伙人制度也适用于公司制企业。类似晋商，在那些倡导“合伙人制度”的公司制企业中，一部分股东是“银股”，通过出钱成为股东；一部分股东是“身股”，通过人力资本成为股东。不同的是，在移动互联时代，对“身股”价值的认可达到前所未有的高度，并赋予合伙人三种重要权力：股权激励、公司控制权、身份象征。

①合伙人的特点。

在企业的传统利益分配模式中，股东、管理层、员工之间的关系是自上而下的指令关系和分配关系。

企业的管理决策从上向下传达，但被动接受指令的下级会因为个人本身的理解能力，个人利益和主管动力等原因导致执行力度层层递减，最终导致经营效率的损失。同时，企业经营成果的分配完全由上级决定，并通过固定薪酬、绩效考核等一系列手段进行绩效评价和发放，这样的形态下员工完全是属于被动的状态。

而在合伙人制度中，员工不再是单纯的劳动力出卖者，成为自己的主人，这个从根本上改变了人力资源利用的效率。由于角色的转变，上下级之间单项命令式的管理所带来的消极作用被消除，管理成本也就下降了，在这种情况下，员工更愿意付出，因为这样的付出和自己的收益直接相关。

②合伙人制度的四种形态。

合伙人制度在业界实践的形态是多样的，基于前文讨论，我们可以总结出如下四种形态。

a.合伙制企业——股权激励+公司控制权+身份象征。

如今，合伙制企业，或者说法律意义上的合伙人制度，在咨询公司、律所、会计师、建筑师事务所等重人力资本的行业依然常见。做到“合伙人”级别的人往往经过严格筛选，成为合伙人将享受分红，控制公司，又是一种身份的象征。

德勤：最原汁原味的合伙人制度

德勤至今仍保留着普通合伙企业的形态，对于新晋合伙人，需要完成严格的绩效标准才有准入资格，新合伙人必须“优于现有合伙人的平均水准”，并需所有合伙人投票通过才能当选。

新合伙人入伙时，企业将增发股份，稀释现有合伙人的股份，并完成工商登记，从而成为真正意义的股东，并可以每年得到两次分红。如果退休或离职，公司将按照购股价格退股。

b.公司制企业——身份象征为主。

为了追求企业扩张，不少曾经的合伙制企业已经转变为公司制，但是保留了“合伙人”的头衔。“合伙人”变成了一种身份的象征，也为员工的职业发展指明了方向。

高盛：合伙人是一种身份的象征

在19世纪末，像高盛这样的投资银行都是合伙制企业。正如高盛高级合伙人费里德曼所说：“没有人去清洗一辆租来的车。成为合伙人的梦想是一种无与伦比的激励力量，也是吸引最优秀人才的巨大诱惑。”成为高盛的合伙人是一种身份的象征，这种身份包含荣誉、权力、财富和备受尊敬的成就感。

1999年，高盛为了扩充资本金，减轻合伙人承担无限责任风险的压力，结束了维持了130年合伙制企业，转变为股份有限企业。同期大多银行转制后，都放弃了合伙人这一概念，但高盛一直将“合伙人”作为一个雇员级别保留了下来。成为高盛的合伙人依然是一种身份的象征。员工毕业加入高盛，从分析员（Analyst）做起，历经Associate、VP、SVP、Director、ED、MD，最终到合伙人，依然是一条让员工备受激励的一条职业发展通道。

c.公司制企业——股权激励为主。

合伙人制度在公司制企业最常见的形式还是股权激励。在职业经理人制度下，管理者和员工的主要报酬是工资和奖金，虽然可能有股权分配，但是分配的量和覆盖的人群都远远没有那些富有合伙人精神的公司多。

此外，职业经理人包赢不包输，公司盈利了，职业经理人可以拿到大量奖金，公司亏损了，职业经理人可以拍拍屁股走人。我们发现不少倡导合伙人精神的公司还要求员工出资（通常比外部投资者价格低）购买公司股票，除了共享，这种模式又多了一份共担。

业界实践已经证明了广泛的员工持股计划对公司长远发展带来的价值，一个典型的例子就是华为。虽然华为采用的是公司制，也很少用“合伙人”这个概念，但是在公司的股权结构和价值分配中，只有“身股”，没有“银股”，这一点高度类似“合伙制企业”。

华为：“知识资本化”任正非从1987年创办华为到现在，没有引入任何外部资本。现在华为有16万名员工，研发人员占了近一半，其他人绝大多数也都是知识工作者，也是一个典型的知识密集型企业。

华为在创业的早期就推行了员工持股计划，目前有近8万人持有公司股票，任正非持有公司1.4%股份，其余股份全部由员工持有，没有任何外部股东。符合绩效条件的员工每年按照经过审计的每股净资产购入公司股票，每年享受分红。

华为轮值CEO徐直军在接受媒体采访时提到，员工持股机制是华为成功的最核心要素，他说：“任总认为高科技行业需要大家一起进行利益分享，我们的员工持股就是知识资本化，员工分享企业的利益。正是因为员工持股，才使我们团结了这么多的人。西方顾问公司发现我们公司干部队伍储备是很充足的，这是他们不可想象的。要想挖我们一位中高级主管很难，因为待遇你是开不起的。”

股权激励的核心是利润分享权，在企业实践中，也有公司提供部分利润分享权给员工，认为这也是合伙人制度的一种形式。例如，永辉超市合伙人制度本质上是和员工分享自己所在门店的超额利润，通过利益捆绑起到了很好的激励效果。

d.公司制企业——公司控制权为主。

在很多创新性行业（如互联网），企业家和人才是成功最关键的因素。但是，由于早期公司要以迅速扩大用户规模而非盈利为目标，需要大量引入风险资本。如果公司融资较多，创始团队很容易失去控制权。大量案例表明，创始团队失去控制权，很可能会让公司长远发展失去灵魂，对所有股东都不利。因此，让创始团队以少数股份控制公司的模式（如AB股模式，B股的投票权可能是A股的2~10倍）开始在美国盛行。"身股"的投票权远远高于"银股"，是对人力资本的极大认可。

4.合伙人制度顶层设计

许多老板希望把公司做大，但是公司越大，老板越累。没有核心员工合伙人团队，老板最终的结局要么是累死，要么就是散伙心死。那怎样才能让自己成为一个高效从容的管理者？合伙人制度管理是唯一的出路和办法。通过合伙人制度设计，可以有效促使企业良性发展。

所谓"合伙人"，简单来说，就是几个人合在一起后共担责任，共享成果。具体到企业中，合伙的过程就是员工获得股份、分红权、成为股东、成为公司的主人的一个过程。这就是合伙人制度，即法律意义上的由两个或两个以上合伙人拥有公司并分享公司利润。如图5-11所示。

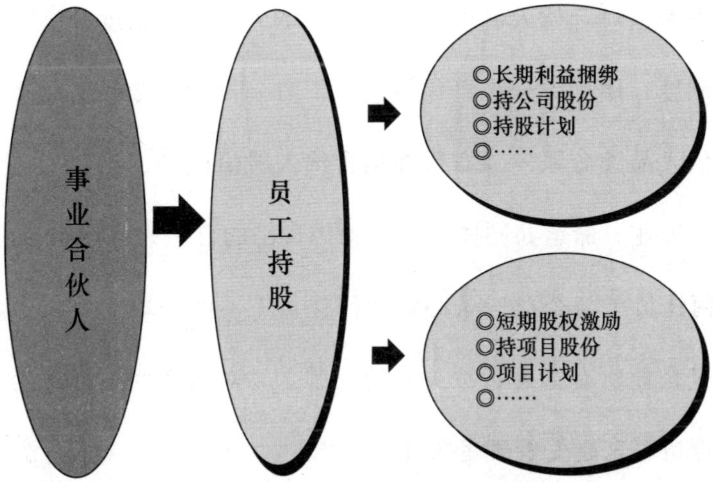

图 5–11　合伙人制度下的股权分配

从图中我们可以看到，根据员工持股计划的实施，合伙人和股东利益基本上是一致的，对公司不利就是对自己不利。而在员工持股方面，合伙人制度根据长期利益捆绑和短期激励各自的不同目的，主要分为持有公司股份和持有项目股份两个方面，也就是我们所谓的持股计划和项目跟投。

在企业的传统利益分配模式中，股东、管理层、员工之间的关系是自上而下的指令关系和分配关系。而在合伙人制度中，员工不再是单纯的劳动力出卖者，成为自己的主人，这个从根本上改变了人力资源利用的效率。由于角色的转变，上下级之间单项命令式的管理所带来的消极作用被消除，管理成本也就下降了，在这种情况下，员工更愿意付出，因为这样的付出和自己的收益直接相关。

合伙人制度核心是“以人为本”，实现从打工者到合伙人的升级。

例如，华为也对合伙人制度进行升级。华为将工分制度升级为合伙人品牌分制度，用品牌分来量化衡量员工对公司的业绩和文化贡献，并建立合伙人品牌分账户，实行虚拟合伙人股份机制，让员工与公司形成利益、事业、命运共同体，让员工为自己的合伙人事业奋斗。

如何让员工与企业一条心？如何让员工不断进取为公司奉献？这些问题是企业所有管理者都关心的问题。针对这些问题近几年来，合伙人制度也越来越受管理者关注。

事业合伙制是建立在有限合伙的基础上，因此，期望构建事业合伙制就需要熟练地运营《合伙企业法》，熟悉合伙制的制度架构，熟悉普通合伙人和有限合伙人的权利义务，职责边界。下面的表5-6是在《合伙企业法》框架下对有限合伙企业中的普通合伙人与有限合伙人做的一个制度比较。

表5-6　有限合伙企业中普通合伙人与有限合伙人的制度比较

事　项	普通合伙人	有限合伙人
对外转让出资	○除合伙协议另有约定外，合伙人向合伙人以外的人转让其在合伙企业中的全部或者部分财产份额时，须经其他合伙人一致同意 ○合伙协议可以约定，普通合伙人向合伙人以外的人转让其在合伙企业中的全部或者部分财产份额时，无须经其他合伙人一致同意	○可以约定有限合伙人向合伙人以外的人转让份额应当经普通合伙人同意

续表

事　项	普通合伙人	有限合伙人
重大事项决策权	○除合伙协议另有约定外，合伙企业的下列事项应当经全体合伙人一致同意： ·改变合伙企业的名称； ·改变合伙企业的经营范围、主要经营场所的地点； ·处分合伙企业的不动产； ·转让或者处分合伙企业的知识产权和其他财产权利； ·以合伙企业名义为他人提供担保； ·聘任合伙人以外的人担任合伙企业的经营管理人员	○合伙协议可以约定该等事项由普通合伙人决定。或者半数以上合伙人同意
财产份额流转的限制	○一般无限制	○根据股权激励需要设定限售条件等
执行合伙事务	○执行合伙事务，并可以要求在合伙协议中确定执行事务的报酬及报酬提取方式	○有限合伙人不执行合伙事务，不得对外代表有限合伙企业
丧失偿债能力	○退伙。合伙协议可以另行约定	○无须退伙。合伙协议可以另行约定
丧失民事行为能力	○经其他合伙人同意可以转为有限合伙人，若仅剩有限合伙人的，合伙企业应当解散	○其他合伙人不得因此要求其退伙。合伙协议可以另行约定
合伙人死亡/终止	○退伙，若仅剩有限合伙人的，合伙企业应当解散。合伙协议可以另行约定	○继承人或者权利承受人可以依法取得该有限合伙人在有限合伙企业中的资格。合伙协议可以另行约定

续表

事　项	普通合伙人	有限合伙人
合伙企业债务清偿	○对合伙企业的所有债务承担无限连带责任	○以其认缴的出资额为限对合伙企业的所有债务只承担有限责任
自然人死亡/法人终止	○一般情况实际控制人设立公司担任普通合伙人	○一般情况下通过合伙协议约定由有限合伙人的继承人取得对应的合伙权益
退伙限制	○一般不退伙	根据平台公司情况约定退伙条件
自然人被认定为无/限制民事行为能力人	○一般情况实际控制人设立公司担任普通合伙人	○其他合伙人不得因此要求其退伙
服务期	○不需要	○可根据实际情况约定服务期
新合伙人入伙	○新合伙人入伙，除合伙协议另有约定外，应当经全体合伙人一致同意，并依法订立书面入伙协议	○有限合伙人入伙，合伙协议可以约定由普通合伙人决定
除名权	○具有对有限合伙人的除名权（合伙协议约定情形出现）	○因故意或者重大过失给合伙企业造成损失 ○发生合伙不享协议约定的事由
退伙后对退伙前的原因发生的合伙企业债务承担	○承担无限连带责任	○以其退伙时从有限合伙企业中取回的财产承担责任

通过上述比较，我们不难发现，合伙制的精髓在于普通合伙人中的执行事务合伙人参与管理，而有限合伙人不参与管理的制度优势，为我们量身定制了实际控制人作为执行事务合伙人实际从事管理，管理层作为激励对象的有限合伙制激励平台。这样的平台实际上就是以创始股东作为决策者，管理层作为事业合伙人持有股权，能够快速做出决策而不影响创始股东实际控制权的合伙模式。

想要真正设计好合伙人制度其实不容易，但是“牛人”都在“吃螃蟹”，万科、阿里、华为……他们都在吃合伙人这只“螃蟹”，虽然吃的过程中难免费劲，但是合伙人制度为他们带来了彻底的改变。比如万科，原中粮集团董事长宁高宁曾在为老朋友王石的自传《道路与梦想》所作的序言中不无感慨地说，王石和万科在成长过程中“犯了几乎所有可能犯的错误”，幸运的是“他们在错误还没有能把他们毁灭的时候醒悟了。”事实上，万科的事业合伙人制度几乎颠覆万科的企业文化，原来是精英主义的万科公司，现在就是一家“去精英主义”的企业。其合伙人文化就是“信任文化+协同文化+去金字塔化”。

有些公司的合伙人机制在公司设立之初便已建立，经过一段时间的积累已形成一股合力，在与外部资本的合作中，已能清晰认识到保持合伙人治理决策主导权的重要性。比如，阿里巴巴通过协议安排，使软银同意在年度股东大会上就投票事项与阿里巴巴合伙人投票行为保持一致，并使合伙人具有提名董事会中大多数董事的特权：如果合伙人所提名的董事人选没有被股东投票选举为董事，那么合伙人团队有权任命另一个人来担任临时董事，直到下一次年度股东大会的召开；在下一次股东大会召开时，合伙人可以指派这位临时董事或者其他人选（这个人选不可以是最初被提名的人选）来参加竞选。而以上特权的更改，必须要得到95%以上的股东投票通过。

华为在合伙人制度设计中特别注重多样化的股份激励，也正是这些模式成就了华为今天的辉煌。从1995年开始任正非就在开始实行尝试股权激励，向员工推行内部股票，在此期间不断改进分配方式，包括采取过股份期权、在职分红、超额分红等若干种方式方法。任正非在构建薪酬结构时，提到1∶1∶1的基本框架，即1∶基本工资（维持员工基本生活所需）；1∶奖金（个人有优异的表现与贡献）；1∶分红（团队共同创造的价值）。这个理念到现在也不过时，因为他强调了员工个人价值与团队价值的共赢与平衡。华为从未从银行贷过作为款制造型企业，很容易受资金链现金流的制约，但是华为通过内部股份激励解决了这个难题。因为员工将自己的收入、存款甚至借贷提供给华为，换得公司的股份，而通过大家的努力而创造的高额利润来回报大家，这样不用从银行贷款，资金成本低，有安全，没有了资金断流的危机，最主要的是通过这样的形式真的留住核心人才。华为有今天的成就离不开股份激励，而任正非从曾经的绝对大股东，经过不断稀释现在只剩下1.42%的股份。这是股份而不是股权，但任正非依然掌控着华为，是因为他释放的是股份而非股权。

从上述这些案例不仅让我们感受到合伙人制度设计的必要性、重要性，也能从中看出设计合伙人制度的一些原则和操作模式。比如，阿里巴巴的合伙制度，它并不是一个完全独创的制度，其制度的核心要点在于股票的分类表决权机制。

总的来说，合伙人制度的顶层设计通常包括以下五大核心要素，如图5-12所示。

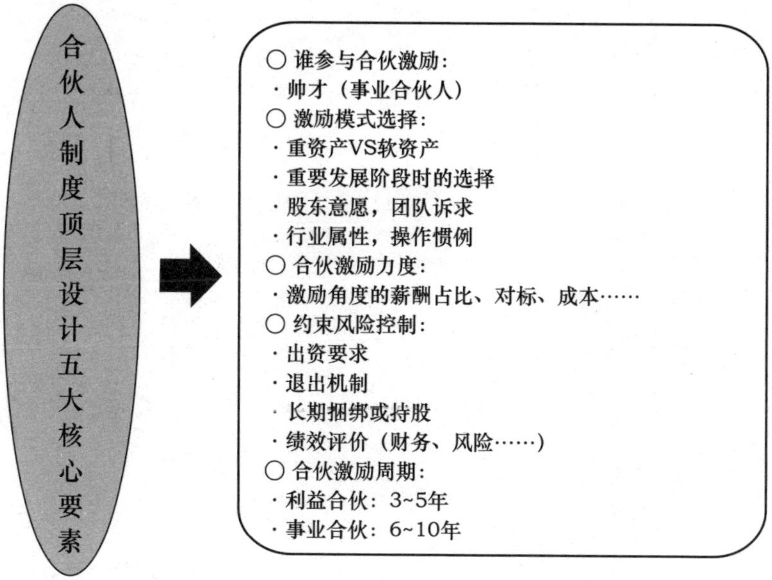

图5-12　合伙人制度的顶层设计五大核心要素

图5-12中五大核心要素其实包含了丰富的内容：一是合伙的基石，即合伙人制的相互信任、能力互补、利益共享的基石。二是管理。在实践中这方面应该有四套管理方案，分别是合伙人身份定义标准、合伙人股权激励方案、合伙人动态考核标准和合伙人文化与培养方案。三是文化。实行合伙人制需要建立“四共”文化：共识、共担、共创、共享。合伙人之间就合伙事业的梦想、逻辑与规则达成高度一致认知，叫作“共识”；合伙人之间在能力互补的前提下，各自承担相应的责任、义务与风险，叫作“共担”；合伙人之间携手持续奋斗，创造利益、荣誉与机会，叫作“共创”；合伙人之间长期、公平地分享多样化的合伙事业成果，叫作“共享”。

第六章

卓越领导：重塑自我，从优秀到卓越

有观点认为：政治领袖、组织的领导者、管理者、营销人士都应该成为优秀的领导力心理学专家。这个观点说明领导者应该是个“全才”，这也是卓越领导者的特质。要实现从优秀到卓越的跨越，就要从理论到实践的全面修炼，以重塑自我。为此，本章着重介绍并分析了提升领导力的理论，卓越领导者的五个习惯，适用于员工不同发展阶段的领导风格，以及领导力提升的方法、建议等。

领导力与管理的区别

领导力和管理是两个完全不同的概念。正确理解领导力和管理及二者的区别，对打造和提升领导力是不无裨益的。

1. 领导力和管理的内涵

领导力的内涵体现在“激励追随者达成更高目标的能力”上。对于领导力，也有许多管理学家和学者给出了自己的理解。美国前国务卿亨利·艾尔弗雷德·基辛格说，领导就是要让他的人们，从他们现在的地方，带领他们去还没有去过的地方；美国当代杰出的领导理论大师沃伦·班尼斯说，领导力就像美，它难以定义，但当你看到时，你就知道。

领导力之所以能够“激励追随者”，是因为领导力的本质是影响力。如果说传统意义的领导者主要依靠权力来达成自己的意愿，那么现代意义的领导者则更多是依靠其内在的影响力。这种内在的影响力就是领导力。领导者要懂得做人的艺术而不是单纯做事的艺术，最终能够以个人的品质和个性影响他人。

领导力是一种非权利影响力，也就是说，它不是组织附加给领导者的强制力，而是领导者自身素质和现实的领导行为造成的影响力，是实现领导管理艺术的最高境界。对领导者而言，我们可以获得组织赋予的现实的权利，但如果没有人格魅力，我们就难以拥有忠实的追随者。

必须强调指出的是：就领导力的适用范围来讲，任何人只要具备优秀的品格、较强的能力、渊博的知识和较强的亲和力，都会对人产生一定影响力。也就是说，领导力并非专为企业组织中高层管理者所独有的能力，中层管理者、基层管理者也都具有领导力；推而广之，每一个企业组织成员都具有领导力，企业组织之外的社会上的每一个人也都同样具有这种能力。

所谓管理，是依靠制度、管理工具达到目的的一种行为。许多学者和专家都对“管理”做过定义。被称为“科学管理之父”的弗雷德里克·泰罗在其所著的《科学管理原理》一书中指出，管理就是确切地知道你要别人干什么，并使他用最好的方法去干。在他看来，管理就是指挥他人能用最好的办法去工作。

诺贝尔奖获得者赫伯特·西蒙在其所著的《管理决策新科学》一书中对管理的定义是，“管理就是制定决策”。彼得·德鲁克在其所著的《管理—任务、责任、实践》一书中认为，管理是一种工作，它有自己的技巧、工具和方法；管理是一种器官，是赋予组织以生命的、能动的、动态的器官；管理是一门科学，一种系统化的并到处适用的知识；同时管理也是一种文化。

百度百科的解释是，管理是指一定组织中的管理者，通过实施计划、组织、领导、协调、控制等职能来协调他人的活动，使别人同自己一起实现既定目标的活动过程。是人类各种组织活动中最普通和最重要的一种活动。

虽然管理者是为目标而生的，但值得注意的是，管理者一般是被任命的，其影响力主要来自职位所赋予的正式权力（这也是与领导力最大的区别），他可以运用职权使人们去从事某项工作。

2. 领导力与管理的区别

从上面的内涵分析中，不难看出领导力与管理的几点区别，如表6-1所示。

表6-1　领导力与管理的区别

序号	内　容
1	领导力更多面向变革，而管理是面向计划的。管理关注今年预算是什么？今年要达到利润目标是多少？我们这个月达成的目标是什么？管理通过这一系列问题，希望一切都是可预期的、可控的

续表

序号	内　容
2	领导力更多关注人，这与管理有很大不同。管理是讲怎么把这个事做好，而且是重复做好，不光是做对一次，是重复做对一千次，强调可重复，可控制；领导力更多讲人的问题，怎么激励人、发展人，除了要求他做成这件事以外，还调动他内心激情，让他主动把事情做好。在一些管理覆盖不到的、没有人看得见的地方，领导力能够让人发挥自我领导力，从而把事情做好
3	领导力更多强调协调，而管理强调流程制度。管理都希望有一个清晰的组织架构，谁汇报给谁，谁负责哪一块，每个人都应有职业说明书，有绩效考核指标。事实上，今天大量的工作需要跨部门的协调才能完成，而这些协调不是公司的管理制度可以完全管到的，这时领导力就起作用了，它可以在没有上下级关系的各部门之间，协调出一致的行动。领导力在协调时，强调打破官僚主义，有时候甚至强调要抛弃僵化的流程，去做一些出格的事情。这种协调功夫，本质上还是以“激励”作为驱力的

不可不知的领导力理论

本书前面介绍了许多与领导力有关的理论，主要是在某一领域应用的模型、工具等。本节介绍的领导力理论主要用于领导力的塑造和培养。领导力理论是对领导者所作所为和缘由的研究，而研究结果也证明了领导力是能够培养出来的。从领导力理论的发展历史来看，领导力研究模式经历多次变迁，积累的知识极其庞大，许多成熟的理论工具被广泛应用于实践当中，并取得了良好的效果。其中，科林斯理论、管理方格理论、领导力五力模型是比较著名的。要想提升领导力，塑造自我，成为卓越的领导者，就需要了解领导力理论，以之作为实践的指导。

1. 柯林斯理论：领导力层级中，“第五级”是终极目标

美国知名管理学家吉姆·柯林斯长期研究考察跻身于《财富》全球五百强榜单的企业，发现取得并保持着卓越绩效的公司全是由“第五级”的领导者来掌舵的。这一发现让吉姆·柯林斯很感兴趣，便于2001年撰文首次提出总结出了领导力层级理论，把经理人或管理者的各种能力分为五个层级，如图6-1所示。

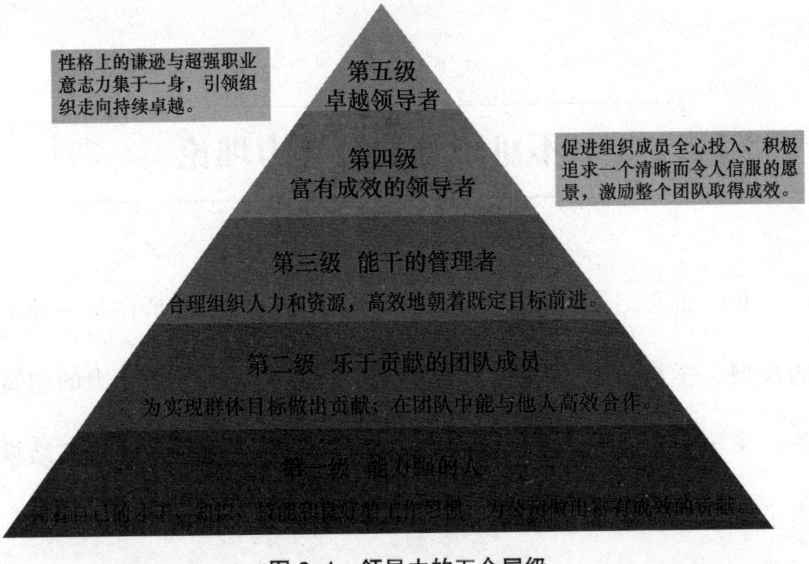

图6-1 领导力的五个层级

在领导力层级理论中，第一层级注重个人的能力与表现，第二层级开始关注团队协作，第三层级逐渐成为组织的管理者，第四层级迈入领导者角色，第五层级成为卓越领导者，其身上呈现出谦逊与坚毅的矛盾统一，是最高境界的领导力。

能否修炼出第五级领导力？其实，有的人具备修炼出第五级领导力的能力。这种能力天生潜藏在他们内心，或被深埋，或被忽略，或处于萌芽阶段。在适当的条件下，这颗种子就会开始生长：比如通过内省，得蒙导师的点拨，受到慈爱父母的引导，经历重大的人生际遇或其他因素的影响等。

70多岁的褚时健衣着简朴，俨然是一位慈祥的老人，看到他的人都印象深刻。正是这样一位老人，人生当中大起大落，曾经跌到人生谷底，但内心坚毅，70多岁上哀牢山，开山种橙，再次创造奇迹，成为影响企业家的企业家。褚时健身上体现出了第五级领导力的谦逊与坚毅的特质。

马化腾是一位第五级领导力的典型代表，他给人的印象是谦逊、腼腆，哪怕是后来创建了腾讯帝国，成为互联网世界的风云人物，他依然生活简单、低调，很少接受媒体采访。对于无数向往成功的人来说，像褚时健、马化腾这样的领导者是他们心目中的英雄。

第五级领导力应该成为所有领导者的目标，因为和所有关于人类终极价值的真理一样，在瞥见它的那一瞬间我们就知道，自己的整个生活以及这个社会都会因为对这个目标的追求而变得更加美好。正如吉姆·柯林斯所指出的那样：并不是说第五级领导力是企业从优秀迈入卓越的唯一必要条件，但是这一因素看来至关重要。

2. 管理方格理论：用方格坐标分析行为学意义上的管理类型

管理方格理论由美国行为科学家罗伯特·布莱克和简·莫顿创立，是用方格图表示和研究领导方式的一种理论。他们认为在企业管理的领导工作中会出现以生产为中心、以人为中心、以X理论为依据强调监督、以Y理论为依据强调自治的极端方式，为了避免这种片面的领导行为，他们于1964年发表《管理方格》一书，提出方格理论。他们设计了由81个方格组成的图形，以纵向的“对人员的关心”程度和横向的“对生产的关心”程度，分别表示这两个基本因素以不同比例结合的领导方式，如图6-2所示。

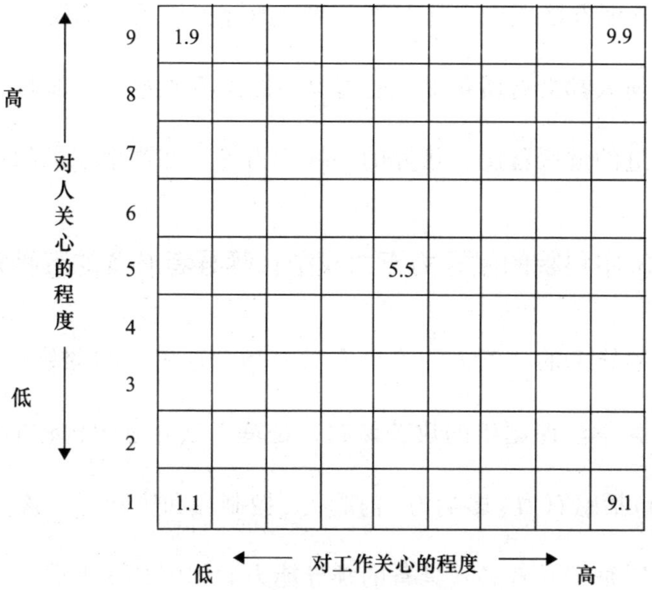

图 6–2　管理方格理论模型

在管理方格图中，1.1方格意味着管理贫乏，对生产和人的关心程度都很小。而9.9方格则意味着理想型管理，对人和生产都很关心，能使组织目标和个人的需求最有效地结合起来，介于其间的还有很多结合方式，以反映不同的管理类型。

从理论角度看，布莱克和莫顿试图用坐标体系寻找出一个唯一的、正确的、公理式的管理理论框架。他们坚信，管理方格理论是按照行为科学的相关法则建立的，由多种方格的相互比较和逻辑推论，可以得出结论——（9.9）型团队管理是迄今最理想的管理模式，是人类社会通向理性、思辨和美好的康庄大道。

管理方格理论正受到各国管理界的重视。《新管理方格·序》一书中说：管理方格理论实行上是一种行为分析体系，不仅对经理有用，而且对任何人都会有所帮助，能够提高的生活质量，改善的行为方式，一直到增进的健康程度，培养的心智能力等，都产生积极的作用。

3. 中科院的领导力五力模型：领导者必备的五种领导能力

关于领导力的“五力”有许多种模型，这里介绍的领导力五力模型是中国科学院课题组的攻关课题，是基于领导过程构建的领导力五力模型，包括感召力、影响力、前瞻力、控制力和决断力。该模型认为，这“五力”是领导者必须具备的领导能力。如图6-3所示。

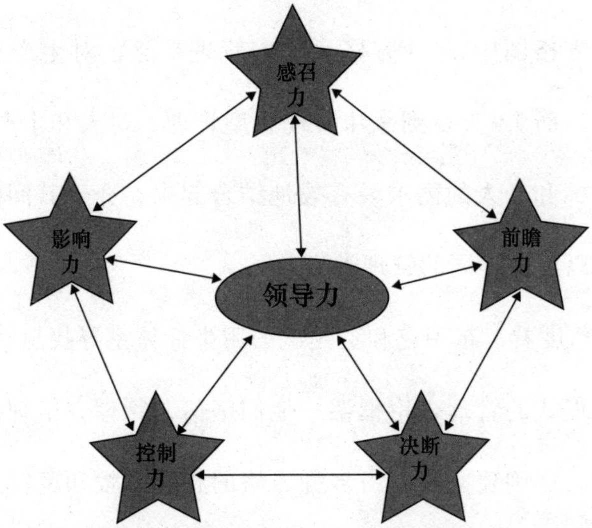

图6-3　中科院（2006年）经过课题攻关，基于领导过程构建的领导力五力模型

领导力五力模型中“五力”的含义及来源和体现，如表6-2所示。

表6–2　领导力五力模型中“五力”的含义及来源和体现

五　力	含　义	来源与体现
感召力	最本色的领导能力	来源：具有坚定的信念和崇高的理想；具有高尚的人格和高度的自信；具有代表一个群体、组织、民族、国家或全人类的伦理价值观和臻于完善的修养；具有超越常人的大智慧和丰富曲折的阅历；不满足于现状，乐于挑战，对所从事的事业充满激情
前瞻力	着眼未来、预测未来和把握未来	来源：领导者和领导团队的领导理念；组织利益相关者的期望；组织的核心能力；组织所在行业的发展规律；组织所处的宏观环境的发展趋势
影响力	积极主动地影响被领导者	体现：领导者对被领导者需求和动机的洞察与把握；领导者与被领导者之间建立的各种正式与非正式的关系；领导者平衡各种利益相关者特别是被领导者利益的行为与结果；领导者与被领导者进行沟通的方式、行为与效果；领导者拥有的各种能够有效影响被领导者的权力
决断力	针对战略实施中的各种问题和突发事件进行快速和有效决策	体现：掌握和善于利用各种决策理论、决策方法和决策工具；具备快速和准确评价决策收益的能力；具备预见、评估、防范和化解风险的意识与能力；具有实现目标所需要的必不可少的资源；具备把握和利用最佳决策及其实施时机的能力

续表

五 力	含 义	来源与体现
控制力	有效控制组织的发展方向、战略实施过程和成效	体现：确立组织的价值观并使组织的所有成员接受这些价值观；制定规章制度等规范并通过法定力量保证组织成员遵守这些规范；任命和合理使用能够贯彻领导意图的干部来实现组织的分层控制；建立强大的信息力量以求了解和驾驭局势；控制和有效解决各种现实的和潜在的冲突以控制战略实施过程

对现实的大多数领导者而言，他们大都拥有领导力五力模型中的全部领导能力，但他们的领导能力发展不够均衡，在某种或某几种领导能力方面存在薄弱环节。如果不能够突破这些“短板”从而实现领导能力的全面均衡发展，他们就较难驾驭和成功领导更大规模或更复杂的组织。

卓越领导力的五个习惯

卓越领导力的五个习惯：以身作则、共启愿景、挑战现状、使众人行、激励人心。坦率地说，这五项领导力的习惯概括了领导力的本质，是每一位卓越领导者都应该掌握的基本技能。如图6-4所示。

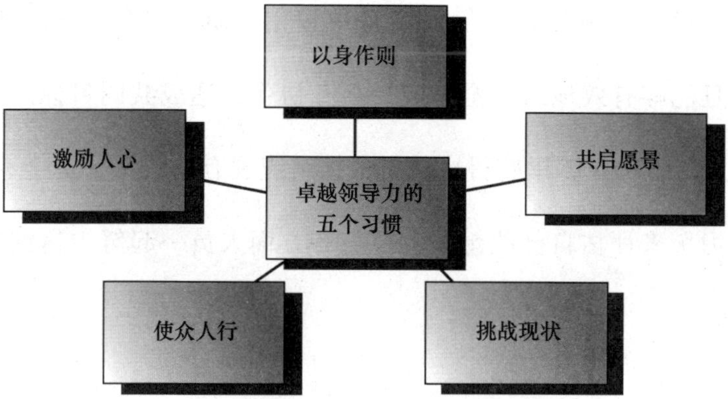

图 6-4　卓越领导力的五个习惯

1. 以身作则：理念沟通，言行一致

以身作则强调的是，通过领导者个人的直接参与和行动，为自己赢得领导的权利和尊重；领导者必须站出来维护自己的信念；语言与行动必须一致。

在行动中，领导者要提前说好大家应该怎么干，然后自己带头去干，兑现自己的承诺，而且边干边鼓励和引导他人，使众人形成统一的行为规范。

2. 共启愿景：展望未来，感召他人

共启愿景是领导者的战略家思维，要善于展望未来并准确定位组织；激活其他人的希望和梦想，让他们看到他们完全有可能抓住这样的未来；通过描绘团体的愿景，点燃众人的激情。

在实践中，领导者不但要清楚地设定目标、分解目标、阶段目标，而且能够有效地组织全体成员相互协作，达成共同目标。也就是说，要厘清组织在哪里获得成功，根据组织现有的资源（资金、人员、组织能力）来评估自己的想法，并与各方面人员一起努力达到期望的彼岸。

3. 挑战现状：寻找机会，努力探索

挑战现状即领导者愿意挑战现有的体制，得到新产品、新服务和新程序，并改变现有的体制。

在实践中，领导者要能够预知变化，提前做出准备，能够承受挑战过程中的压力，提出创新的办法一步一个脚印地前进，并且最低程度地降低风险。

4. 使众人行：促进合作，善于分享

所谓使众人行，就是通过强调共同目标和建立信任来促进合作，并通过分享权利来增强他人的实力。

在实践中，领导者要以一种相互依赖的意识，永远都说“我们”。同时对下属进行充分授权，使众人有明确目标，并能够为自己做事的过程和结果负责，做出创造性的工作。

5.激励人心：表彰贡献，庆祝胜利

激励人心即通过表彰个人的表现来认可他人的贡献，庆祝价值的实现和胜利。

在实践中，领导者以精神激励为主，能够帮下属设置足够的目标并提供充分成长空间，让每个人形成足够的责任感和荣辱感，并创造和谐的团队文化。作为领导者，要用自己的眼睛和心去注意他人的行动，并当好“啦啦队队长”。

员工不同发展阶段与领导风格

针对员工的不同发展阶段的特点，成功的领导者都能发挥出强大的领导力。员工的发展阶段主要是指员工完成某项特定工作所表现出来的能力和意愿水平。领导者正确评估员工发展阶段的能力，是决定员工与领导者关系是否成功的关键因素。

下面，我们就从领导力的四种风格入手，来探讨领导风格在员工各个发展阶段的应用。

》》》1. 领导力的四种风格

领导力的四种风格是指挥型、授权型、支持型和教练型。指挥型和支持型的领导风格是基础，教练型及授权型的领导风格是我们应该提倡的。如图6-5所示。

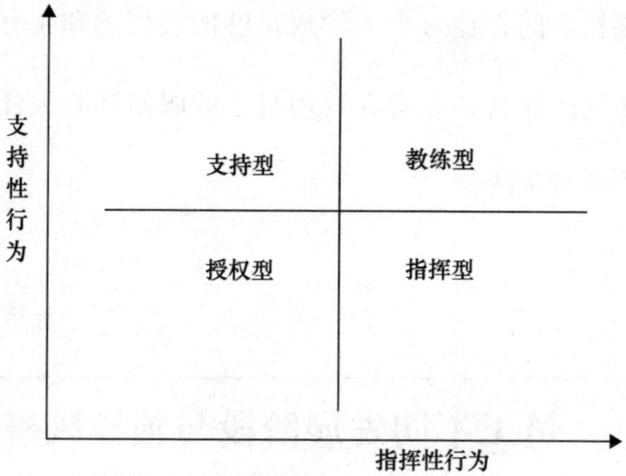

图 6-5　四种不同的领导力风格

指挥型领导者通过指挥使下属完成工作的特点，这是很多职业经理人可能采用的。即通过下达命令或者指示的方式让下属按照你的指令去办事，最后完成指令上的工作目标。

授权型领导者给下属一个明确的授权，希望下属在授权之后达成一个目标，在做事情的过程当中完全是发挥他的主动性和积极性，在授权范围完成这件事情。

支持型领导者对下属主要采取支持性的行为，而不采取指挥性的行为。也就是支持性的行为很强，指挥性的行为很弱。作为一个优秀的经理人，支持是一种基础。如果不支持你的下属，下属又怎会全力地去做好工作。有时候，应该对于下属提出的一些问题，或给出好的建议，或是引导他们，而不要轻易否定。

教练型领导者对下属的指挥行为和支持行为都比较强。作为一个管理者，首先应该是个“教练”，下属的大部分工作能力实际上是上司在工作当中以教练的方式教给他的。上司如果不能做一个好教练，下属就成长不起来。做教练就是通过支持性行为，同时也是指挥性的行为来实施、引导下属的行为。

2. 员工不同发展阶段的特点与领导风格

指挥型的领导风格最有利于处于第一阶段的员工。在这个阶段，员工的工作积极性和热情都很高，但能力很低，容易听从指挥，而且他对公司情况不了解，最容易信任的就是他的上司，因此，对他下达命令非常容易得到认同。这个时候，采取指挥式的领导风格是最好的，可以把员工的高意愿充分地利用起来，弥补其工作能力的不足。

教练型的领导风格最有利于处于第二阶段的员工。处于这个阶段的员工其工作意愿可能非常低，而且能力也不高，这时候员工最消沉，对公司、对工作的信心等处于最低谷。领导者通过扮演下属的教练，可以帮助下属尽快地提高起来。

支持型的领导风格最有利于处于第三阶段的员工。这个阶段员工的工作能力已经比较高了，而且有变动的意愿，这时领导者的角色就要转换为一个支持者，让员工自己解决工作中出现的问题，激发员工的积极性，使工作状态保持在一个较高水平上，避免工作状态忽高忽低。

授权型的领导风格最有利于处于第四阶段的员工。这个阶段的员工的能力高、意愿高，很显然，指挥式的、支持式的、教练式的领导风格都不能适合这个阶段的要求了，因为员工有能力，也有工作的意愿，教练、指挥、支持都显得多余，这时候应该信任他，给他充分的授权。

综上所述，如表6-3所示。

表6-3　员工不同发展阶段的特点与适用的领导风格

阶　段	员工特点	适用的领导风格
第一阶段	弱能力、高意愿	指挥型
第二阶段	有些能力但意愿低	教练型
第三阶段	能力较强有变动的意愿	支持型
第四阶段	能力强、意愿高	授权型

3.团队不同阶段的管理风格

团队管理共要经历五个阶段，如图6-6所示。

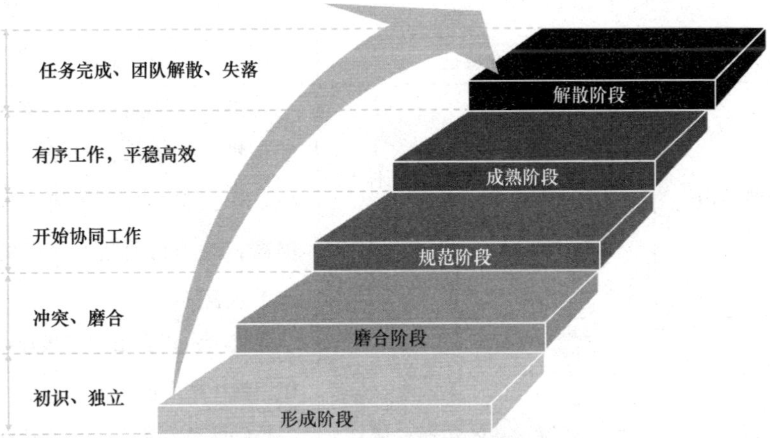

图 6-6 团队管理的五大阶段

团队不同阶段的管理风格，如表6-4所示。

表6-4 企业不同阶段的管理风格

五大阶段	阶段特征	领导风格
组建阶段	成员试图确定自己在团队内部的角色与位置	介绍项目的背景及其目标，并说明队员们的岗位职责及承担的角色，构建团队的内部框架，包括项目团队的任务、目标、角色、规模、人员构成、规章制度以及队员行为准则等，建立信任，激发责任
磨合阶段	成员之间关系紧张，容易出现内部斗争与矛盾	树立威信排除冲突，促成冲突的解决，认识到协调成员的差异需要一定的时间，绝不能采取压制的方法，而应积极、有效地引导大家力求在冲突与合作中寻找理想的平衡

续表

五大阶段	阶段特征	领导风格
规范阶段	成员接受了工作环境，工作开始规范化，凝聚力开始形成	建立一个固定的工作模式，减少指导性工作，给予更多支持工作，工作进展加快，效率提高，对项目团队所取得的进步予以表扬
成熟阶段	相互理解，高效沟通，密切配合，高效团队	允许个人以自己的方式开展工作，授予团队队员充分的权力，以鼓励队员发挥自己的主动性、积极性和创造性。该阶段的领导行为以委托为主，放手让成员自主完成项目任务
解散阶段	项目完成，成员准备离开	采用措施收拢人心，稳住队伍，调动团队的凝聚力，让大家“站好最后一班岗”，同时，也要考虑成员以后如何安排的问题，把项目的结束工作做好

塑造自身人格魅力，提升领导力

以上我们讨论了领导力与管理的区别、领导力理论、卓越领导力的五个习惯，以及领导者针对员工不同发展阶段所应体现的领导风格。

这些都是塑造领导力的重要参考。接下来，我们讨论领导力培养的四大原则、修炼战略领导力等，以帮助领导者重塑自我，把自己培养成为卓越的领导者。

1. 领导力培养四原则

领导能力不会与生俱来，但可以培养出来。培养领导能力，要遵循使别人乐于与我们合作的四个领导原则，即与人交换意见、考虑要周到、尽量追求进步和从事有益的思考，如图6–7所示。

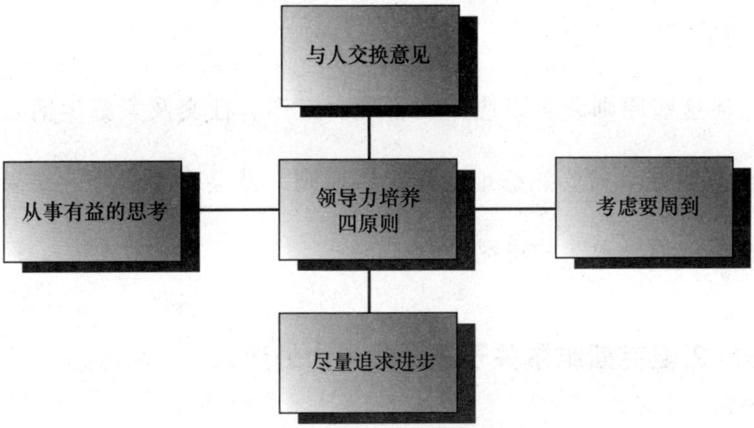

图6–7　领导力培养四原则

（1）“与人交换意见”，首先必须站在他人的立场，用他人的眼光来看问题。这是使朋友、同事、顾客、员工依照“你希望的那种方式”去做的秘方。

（2）“考虑要周到”，就是在处理事情时，要多考虑还有哪些符合人性的方法。这是一种能够充分体现“人性化管理”的方式，它有助于你成为更好的领导者。

（3）“尽量追求进步”，强调领导者要培养上进的决心，比如，每一件事情都要研究如何改善，每一件事情都要定出更高的标准等。

（4）“从事有益的思考”，关于这一点，有无数事实说明成功者都是善于思考的。当然你也可以“从事有益的思考”，比如在凌晨或深夜，就是最好的思考的时间。思考时，可以分析一下面临的主要问题，你的头脑会从客观的角度来研究，因而获得正确的答案；也让头脑自己去想，如“我还要怎样才能做得更好？下一步应该怎么做呢？”领导者主要的工作就是思考。

上述这些原则，可以应用在管理、工作、社交及家庭生活乃至有人的任何地方。只要熟练地应用这些原则，就会产生良好的结果，还可以抓住“领导术”的奥秘。

2. 麦克斯维尔关于提升领导力的建议

受尊敬的领导人品质，如表6-5所示。

表6-5 受尊敬的领导人品质（%）

品质	2002	1995	1987
真诚	88%	88%	83%
有前瞻性	71%	75%	62%
有能力	66%	63%	67%
有激情	65%	68%	58%

续表

品质	2002	1995	1987
聪 明	47%	40%	43%
公 平	42%	49%	40%
气量大	40%	40%	37%
能支持别人	35%	41%	32%
坦率	34%	33%	34%
可靠	33%	32%	33%

美国著名领导力大师约翰·麦克斯维尔说，领导力就是影响力，不论你身在何处或从事怎样的工作。时代在改变，科技也在不断地进步，文化也因为地域不同而有差异。但是真正的领导原则却是恒定不变的。为此，麦克斯维尔提出了21个建议，并将其认定为“法则”。

这里选择其中一些比较典型的、法则性强建议予以简介，以帮助我们提升领导力，并同时解答我们在领导实践中的许多疑惑，如表6-6所示。

表6-6　麦克斯维尔关于提升领导力的21个建议

事　项	原理及实践方法
盖子法则	锅里的水总是漫不过盖子，领导力就像一个盖子，它决定了一个人的办事效力。领导能力是决定一个领导者是否有成效盖子因素，领导能力越高，领导者就越有成效。同时，领导能力对团队发展潜力的影响也包含了盖子原理
影响力法则	衡量一个人的领导力，全看他的影响力。如果你不能影响别人，别人就不会跟随你；如果别人不能跟随你，你就不是领导者，这就是“影响力法则”

续表

事　项	原理及实践方法
过程法则	领导力来自日积月累，而非一日之功。领导力包含各种因素，诸如尊重、经验、感情、待人技巧、纪律、动势、时机等，这些都需经过长期历练才能成熟有效。每一位领导者都是学习者
导航法则	谁都可以使一艘船转变方向，但唯有领导者才能设定航线。领导者必须具备积极的心态才能领导别人踏上未曾走过的道路，并且必须有坚定的信念才能带领团队走完全程
增值法则	领导力的体现不在于领导者自己能走多远，而在于领导者能够帮助别人走多远。领导者就要服务于他人，提升他人的价值
根基法则	信任是领导的根基。欲取得人们的信任，领导者必须是能力、关系和品格这几种特质的典范。当领导者拥有高超的品格时，人们很容易接受他，并且相信他有能力带领大家迈向成功
尊重法则	人们自然会跟随比自己强的领导者，值得信赖的坚强的领导者。优秀的领导者不仅要培养自己的领导力，更应该致力于领导其他具备有领导潜能的人。简言之，领导者尊重他人，他人也尊重领导者
吸引力法则	你是什么样的人，就吸引什么样的人。越是好的领导者，就越能吸引好的具有领导潜质的人
亲和力法则	要别人伸手支持你之前，得先感动他们的心，这就是亲和力法则。除非你先感动他人的心，否则无法叫人付诸行动。主动和人交往然后竭力建立关系，身为领导者就必须学习这么做

续表

事　项	原理及实践方法
核心圈法则	领导者身边的核心圈足以影响领导者，以及影响整个组织的发挥。成功不是来自你知道什么，而是来自你认识什么样的人，以及你如何向这群人表达你自己。你身边必须有一群最优秀的人才，唯有这样，你的梦想才会实现，这就是核心圈法则。你应该带进核心圈的人，应该是有潜力者、积极乐观者、助你成功者、能增产者、能验证价值者
镜像法则	领导者树立好榜样后，下属会跟着模仿他的行为从而取得成功。如果领导者只是说教，那就是没有真正实践；只有当他们亲自开始做的时候，才能算是传授
接纳法则	人们在接受一个新信息时，都先考虑谁是传递者；如果你认为信息的传递者值得信赖，他们就相信信息具有价值。人们先接纳领导者，才能接纳他的愿景
制胜法则	领导者的一个显著特质就是无法接受失败，为了成功他们费心筹划，然后动员一切力量实现它。领导者明白没有“退而求其次”的计划，不成功绝不放弃，信念支持他们继续奋斗下去，坚持不懈，直到成功
动势法则	如果改变团队的方向，领导者就必须大力营造前进的气氛。只有领导者才能激发动势，唯有那些能引发他人动力的领导者才能创造出动势。当团队有了很强的领导者而且又有了动势时，成员自然斗志高昂，效率之高就超乎领导者所预期的程度
优先次序	忙碌，不一定就有成果，要恪守“优先次序”法则。不管是小公司的领导还是拥有亿万财富的人，都是如此。根据优先次序，可以让每一件事情都有其目的

续表

事　项	原理及实践方法
时机法则	时机决定一切：在错误时机采取错误行动，结果是灾难；在错误的时机采取正确行动，结果是抵制；在正确时机采取错误行动，结果是错误；正确时机正确行动，结果是成功。所以，只有在正确的时机采取正确的行动，才能为组织带来成功
爆炸性倍增	带领跟随者得到相加的效果，带领领导者则得到相乘倍增的效果。你要开始栽培领导者，培植领导人才的杰出领导者，这样才可以到达最高境界，收到“爆炸性倍增”的效果
传承法则	一位领导者的长久价值由其继承者决定，因此，重视由内部培植领导人才并顺利传承，是领导者成就的最高点。当他培养了一群领导者来完成他的志愿时，他的一生就变得有意义了；当他能够使机构在没有他的情形下继续完成大事，那么他就创造出了传承的典范

一旦懂得了这些法则，就要去实践它，应用在生活中。实践这些法则，人们将会欣然追随你，而你也应该与你的团队一起分享这些法则。事实上，没有一个领导者能够同时把这21件事都做好，因此需要建立一支优秀团队共同实践这些法则——不要忘记培养他们成为未来的领导者。

3. 成为优秀领导者：格局才是关键

在《史记·高祖本纪》和《项羽本纪》中，刘邦从来没赢过项羽，但最后成功做皇帝的是刘邦，而不是项羽。刘邦之所以最后能在楚汉相争中取胜，最终登上王位，并非他的文才武略有多厉害，而是他这个人虽然没有大的才能，但是有大格局，能够用人。刘邦的领导力比项羽要高明很多。

格局思维是领导者的必修课。如果你是一只雄鹰，当你飞过高山，你便知道了世界之大，天地之高。如果你是一只麻雀，你只会看到枝头的风景，便不停地叽叽喳喳。雄鹰与麻雀的区别在于见识。人与人见识的区别体现在格局。格局大的人心怀天下、眼光长远，每一步的谋略都是在为以后铺展大局。格局小的人，唯利是图、眼光狭窄，只想着如何最大化眼前的利益，竭泽而渔。如果两种人都经营自己的企业，结果肯定不言而喻。

作为优秀的领导者，面临的内外部非常复杂的情况，“只见树木，不见森林”“头痛医头，脚痛医脚”“只看眼前，不看长远”都是不可取的，优秀的领导者必须具备掌握全局的系统思考能力。成为有格局的领导者，考虑工作部署必要有全局眼光。谋大事者必要布大局，除了领导技巧以外，最重要的是格局，力求站得更高、看得更远、做得更大。格局决定着事情发展的方向，掌控了格局，也就掌控了局势。

4. 从优秀到卓越：战略领导力修炼的四大转身

《孙子兵法》中的“善战者，求之于势，不责于人，故能择人而任势”“将帅无能，累死三军”，讲的就是战略领导力。其中还说“为将者，智、信、仁、勇、严也”。这五大素质里面，智谋韬略是排第一的，同样说明了战略领导力的重要意义。

“战略”是起点，“领导力”是过程。所谓战略领导力，就是“一个人带领一群人抵达从来没有去过的地方”。在诸多不确定的场景下，如何共启愿景、使众人行、持续探索、获取胜利，这都是战略领导力要彰显的行为。要修炼战略领导力，就必须跨越“从优秀到卓越”的难关，不断提醒自己去完成以下四大转身，如图6–8所示。

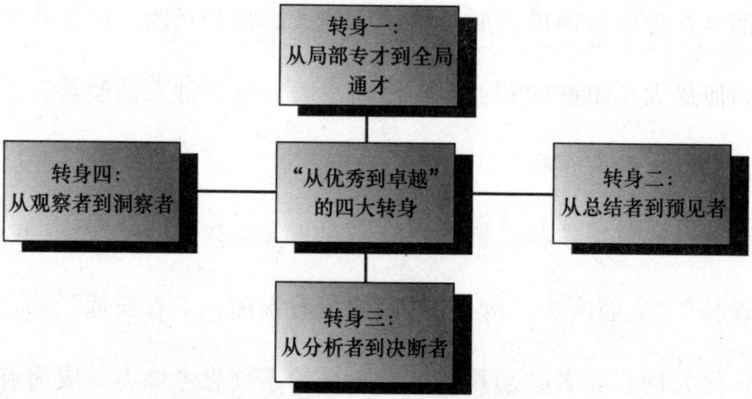

图6–8　“从优秀到卓越”的四大转身

“从局部专才到全局通才”强调，领导者要想具备领导某项业务的能力或者开启一项创业之旅，需要从专才变成通才，要对各个职能部门都有足够的了解。这需要领导者在一定程度上忽略那些细枝末节的运营事项，把思想和时间都解放出来。

“从总结者到预见者”强调，战略领导者需要有站在高山之巅极目远眺的远见能力，见人之所未见。一个人一旦提升为公司领导者，就应该努力做到深谋远虑，想得深，看得远，面向未来预见并开展战略准备，而不只是针对过去总结经验。

“从分析者到决断者”强调，一旦晋升为公司级领导，就需要自己做取舍、做决策，对自己的决定给出富有逻辑的解释。

“从观察者到洞察者”认为，在产业格局及产业运营稳定的阶段，也许仅仅需要“观察”就可以做到不错的经营业绩。而一旦置身于变革大潮中，就无能为力做到精确的战略观察，此刻就需要从“战略观察”上升到“战略洞察”。所谓战略洞察，就是在“灰度”中决策，在边缘处创新，在混沌里探索前行的方向。在一定程度上，战略就是当我们不知道未来会发生什么，但又必须采取行动的决策。

领导力大师约翰 H. 曾格（John H. Zenger）提出了一个著名的因果律：领导者→员工→顾客→公司利润，这个因果律提醒我们：糟糕的领导者会让员工士气低落和技能低下，从而无法为顾客提供好的服务或富有竞争力的产品，进而导致公司利润滑落，甚至陷入亏损的边缘。从另一方面讲，企业要提升公司利润和竞争力，最为源头和最为长效的方略就是持续提升管理者的领导力水准。提升领导力水准，最难以跨越的是“从优秀到卓越”。“从优秀到卓越”之间仅仅是一小步，完成跨越升级的难度却非常大。令人欣慰的是，约翰 H. 曾格的研究表明，一旦完成跨越升级，卓越领导者为公司创造的盈利能力是优秀领导者的近3倍。最终，实现领导者带领团队高效执行，提升企业运营效率，为企业创造价值。

参考文献

[1]汪中求.细节决定成败[M].北京：新华出版社，2004.

[2]罗伯特·卡普兰，戴维·诺顿合，刘俊勇.战略地图——化无形资产为有形成果[M].孙薇，译.广州：广东经济出版社，2005.

[3]亚伯拉罕·哈罗德·马斯洛.动机与人格[M].许金声，等译.北京：华夏出版社，1987.

[4]道格拉斯·麦格雷戈.企业的人性面[M].李宙，章雅倩，译.长春：北方妇女儿童出版社，2017.

[5]弗雷德里克·泰罗.科学管理原理[M].冯风才，译.北京：中国社会科学出版社，1984.

[6]赫伯特·西蒙.管理决策新科学[M].汤俊澄，等译.北京：中国社会科学出版社，1985.

[7]罗伯特·布莱克，简·莫顿合.新管理方格[M].孔令济，等译.北京：中国社会科学出版社，1986.

[8]赛普管理咨询.大运营3.0[M].北京：中信出版社，2019.